PIÈCES D'IDENTITÉ

INGO KOLBOOM

Pièces d'identité

Signets d'une décennie allemande 1989-2000

PRESSES DE L'UNIVERSITÉ DE MONTRÉAL

Illustrations de la couverture et de l'intérieur : Daniel Sylvestre

Données de catalogage avant publication (Canada)

Kolboom, Ingo

    Pièces d'identité: signets d'une décennie allemande, 1989-2000

    (Champ libre)

    ISBN 2-7606-1812-9

1. Allemagne – Histoire – 1990- . 2. Allemagne – Civilisation – 20ᵉ siècle.
3. Politique et culture – Allemagne. 4. Identité collective – Allemagne.
5. Europe – Histoire – 1989- . 6. Europe – Civilisation – 20ᵉ siècle.
I. Titre. II. Collection: Champ libre (Presses de l'Université de Montréal).

DD290.25.K65 2001   943.087   C2001-940831-5

Dépôt légal : 3ᵉ trimestre 2001
Bibliothèque nationale du Québec
© Les Presses de l'Université de Montréal, 2001

Les Presses de l'Université de Montréal remercient le ministère du Patrimoine
canadien du soutien qui leur est accordé dans le cadre du Programme d'aide au
développement de l'industrie de l'édition.

Les Presses de l'Université de Montréal remercient également le Conseil des Arts
du Canada et la Société de développement des entreprises culturelles du Québec
(SODEC).

IMPRIMÉ AU CANADA

www.pum.umontreal.ca

A mon grand-père Johann Kolboom,
mort en France en 1917

A mon grand-père Hermann Schmid, pasteur à Dresde,
résistant sous deux régimes totalitaires

A mon père Hermann Kolboom,
dont la jeunesse fut brisée sur le front russe

A ma mère Agathe Kolboom née Schmid, seul être
pour qui j'ai gardé intactes mes croyances d'autrefois

Avant-propos

Ces quelques « pièces d'identité » présentent des textes et des discours écrits et prononcés entre 1989 et 2000 à l'adresse d'un public français et québécois. Il s'agit d'une sélection effectuée parmi une multitude de textes témoignant des événements en Allemagne ou en Europe. Il s'agit en même temps d'un témoignage personnel, susceptible d'éclairer un public francophone sur certains problèmes et défis liés à mon pays.

Être allemand, à mes yeux, a toujours renvoyé à la nécessité de m'expliquer face à Autrui, plus ou moins étranger à mes affaires allemandes. Dans ma prime jeunesse, cette nécessité représentait la contrainte de l'Autre, mon pays incarnant *son* problème, sur lequel il posait des questions qui m'étaient souvent trop douloureuses. Puis cette nécessité devint la mienne, car mon pays devint *mon* problème, et je commençai également à éprouver le besoin d'exposer mes doutes. Être allemand fut aussi pour moi une manière de chercher et de rencontrer l'Autre. Finalement, ce fut la fusion de ces deux nécessités, dans les deux sens que peut prendre le mot « témoin ». Témoigner de son propre pays, face à l'Autre, c'est une façon de le dé-couvrir, et être allemand fut une façon de le devenir.

Il n'y a pas d'identité solitaire. Né accidentellement dans un pays nommé Allemagne, j'ai fini par m'y habituer. Mais, pour l'aimer, j'ai fait un long voyage à l'intérieur et à l'extérieur de ses frontières, l'un étant lié à l'autre. Tout au long de cet itinéraire, j'ai ramassé des pièces d'identité tantôt douces tantôt amères. J'ai apprécié les douceurs, j'ai fini par assumer les amertumes. Être né allemand après la guerre, c'est être né à l'ombre de l'Holocauste. Les heureuses certitudes de l'enfant s'estompent dans le miroir d'une histoire qui le dépasse. Il faut aller très loin pour retrouver, non vraiment les certitudes d'antan, mais au moins… mais quoi d'ailleurs ? Peut-être une certaine sérénité.

Aucun de mes acquis identitaires et politiques liés à cette identité allemande n'a pu se statufier, le changement et la mise en question prenant toujours le dessus. Pendant une décennie, ma vie à Berlin-Ouest, alors ville sous statut d'alliés, me rappela un statut provisoire symbolisant la situation constitutionnelle de l'Allemagne divisée – qui n'existe plus depuis la Réunification, en 1990. Mais j'aime aujourd'hui encore garder cette impression d'éphémère, considérant toute identité nationale comme un processus d'identification inachevée. L'Allemagne elle-même se porte mieux depuis qu'elle se trouve en interface entre État-nation et intégration européenne. En ce sens, j'ai aussi le sentiment d'être un Européen provisoire, à l'image d'une Europe dont l'envol coïncide avec une heure de crépuscule.

Les textes finalement retenus dans ce livre reflètent un itinéraire allemand, de la chute du Mur à l'aube d'un nouveau millénaire. Il ne s'agit pas d'analyses politiques au sens fort, mais de présentations rigoureusement personnelles, dans lesquelles s'exprime aussi le climat de la rencontre entre l'orateur/l'auteur et son public « étranger ». Chaque texte fut produit dans un contexte politique particulier, à l'échelle allemande et européenne. Tout en traduisant un moment historique donné, des faits et circonstances précises, ils cherchent à articuler des réflexions de longue durée. C'est cet équilibre qui a déterminé le choix final des contributions, même si certains constats qui y apparaissent furent dépassés par l'évolution historique et politique.

Si je soumets ce recueil de textes portant sur l'Allemagne, marqués par moments d'empreintes franco-allemandes, à un public d'outre-Atlantique, plus précisément du Québec, ce n'est pas un hasard. Le Québec, qui occupe depuis 1992, lorsque j'ai enseigné l'histoire franco-allemande à l'Université de Montréal, une place aussi privilégiée que la France dans mon univers personnel et professionnel, s'est révélé être un élément fertile dans mes conjonctures sur mon propre pays. En outre, fidèle visiteur du Québec, j'ai eu l'occasion de donner une partie de ces conférences devant et pour un public québécois. Celui-ci, toujours fasciné par la France, m'est apparu beaucoup plus captivé par l'Allemagne que je ne l'avais préalablement pensé. Aussi aimerais-je inviter les Québécois à trouver dans mes propres passions franco-allemandes un créneau supplémentaire dans leurs réflexions européennes : la France et l'Allemagne ne sont pas des solitudes parallèles, elles ne l'ont jamais été ; elles sont ancrées l'une dans l'autre, pour le meilleur et pour le pire – aujourd'hui heureusement pour le meilleur. C'est d'ailleurs cette passion franco-allemande qui fut à l'origine de ma découverte tardive du Québec, où je fus invité il y a une décennie en tant qu'expert des affaires franco-allemandes. Celles-ci furent rapidement pour moi à l'origine d'une passion triangulaire entre la France, l'Allemagne et le Québec. C'est bien à ces trois pays que je dois le fil conducteur de ma propre quête identitaire. Les textes ici réunis en témoignent.

Autre « fil conducteur » que je tiens à signaler, ma collaboratrice Claire Demesmay a eu la clairvoyance et la distance nécessaires pour sélectionner mes textes et les soumettre à un contrôle rigoureux. Elle a réussi à encourager l'auteur lui-même à faire passer sous presse des textes qui ne correspondent pas au profil strict des ses productions d'historien et de politologue. Je l'en remercie, tout en rappelant que la responsabilité des textes publiés relève de l'auteur seul.

Île d'Oléron, août 2000

PREMIÈRE PARTIE

Introspection

1

L'Allemagne dans le prisme
d'un itinéraire personnel

Avoir 50 ans, ce n'est rien pour certains États, pour ceux qui connaissent une belle et bonne continuité politique, et qui prennent même plaisir à commémorer, avec sérénité, un bicentenaire ou un millénaire. Mais pour d'autres, une telle durée présente tout un bouleversement, apportant avec lui une nouvelle vie étatique, politique et sociétale, voire une toute nouvelle identité. Et il y a aussi des États qui n'ont même pas pu survivre à ces 50 ans. Les deux cas sont vrais pour les deux États allemands nés après la guerre. Le cinquantenaire de l'un inclut la mort de l'autre, et la nouvelle Allemagne unie continue à exister sous le sigle « RFA ».

Commémorer aujourd'hui les 50 ans de la RFA, demanderait donc une triple tâche : il faut parler tout d'abord de cette première RFA, celle de Bonn, dont l'existence était officiellement provisoire, mais qui a fini par aboutir à un statut définitif. Il faut ensuite évoquer son double de la guerre froide, cet État nommé RDA entre l'Elbe et l'Oder, et dont l'existence officielle n'était pas provisoire et qui n'existe pourtant plus sous cette forme. Il faut finalement se pencher sur cette fusion

Ce texte reprend en partie une conférence donnée à la Maison de Heidelberg, à Montpellier, à l'occasion de l'inauguration de l'exposition « Les cinquante ans de la République fédérale d'Allemagne », le 6 mai 1999.

intervenue depuis la chute du Mur, dès l'instant où deux réalités allemandes firent et continuent à faire une étonnante rencontre.

Pour évaluer tout cela, nous devrions placer nos trois approches dans le contexte de ce siècle européen, que le «Jean sans terre» du poète Ivan Goll appelait «*ce siècle abhorré*». Et après? Serions-nous plus proches d'une réalité dont on ne sait toujours pas si elle est l'enfant d'une Histoire qui se fait *sans* nous, ou d'une Mémoire qui ne se fait *qu'avec* nous?

Éviter la partialité historique quand sa propre existence, sa mémoire individuelle et collective, en fait partie intégrante, c'est un défi qui peut séduire. Mais entouré de toute une panoplie de textes, de conférences et de commentaires qui accompagnent le devenir allemand depuis 1949 et réclament tous la vertu de l'objectivité, l'historien que je suis préfère prendre aujourd'hui une voix originale : la voix de sa Mémoire personnelle. Sa durée – quel bel hasard pour l'historien et ses lecteurs – couvre celle de cette République allemande, dont nous avons commémoré ce soir le demi-siècle ; elle couvre aussi la mémoire de toute une génération de nouveaux leaders politiques allemands : les Schröder, Lafontaine, Fischer, Scharping, Thierse, Antje Vollmer, pour ne citer que quelques noms.

Pour structurer ce voyage de «Candide allemand» à l'intérieur de ces 50 ans, je m'étais posé trois questions, à la lumière de quelques éléments de ma biographie. Ces trois questions sont intimement liées l'une à l'autre. La première : Comment suis-je parvenu à mon «identité allemande»? Inévitablement, la réponse à cette question me ramène au monde de l'enfance. La deuxième : Quels ont été les éléments qui ont formé ma biographie allemande, et m'ont en même temps rendu, dans une certaine mesure et toutes proportions gardées, représentatif d'une génération née après la guerre? La troisième question, qui est probablement la plus difficile : Que signifie pour moi être Allemand, aujourd'hui, à la lumière des événements qui ont bouleversé l'Europe et l'Allemagne depuis dix ans ? Ces trois questions pourraient éclairer ce que Jean-François Revel aurait nommé le « logement sous-loué qu'on appelle une vie allemande ».

I

J'ai passé ma prime jeunesse dans un petit village du Holstein, dans le nord de l'Allemagne, entre Hambourg et le Danemark, à la croisée de deux cultures, allemande et scandinave. Ma région fut épargnée par les horreurs de la guerre et constituait de ce fait une sorte d'îlot dans un monde en ruines. Mais elle était remplie de « Flüchtlinge », de réfugiés, jusqu'à l'intérieur de notre maison, qui hébergeait trois familles. L'enfant que j'étais ignorait le sens précis de ces « Flüchtlinge » des pays allemands de l'Est, qui étaient au nombre de douze millions de personnes dans les zones occupées par les alliés dans l'Ouest. Mais je sentais qu'ils venaient de très loin. Lorsqu'ils parlaient de leur « Heimat », leur chez-soi, ils parlaient d'une voix grave et triste de pays lointains, et leur parler dialectal évoquait des horizons exotiques. Un peu comme ma propre mère qui pleurait silencieusement en parlant de son « Dresde » et de ses parents vivant derrière un soi-disant « rideau de fer », « Eiserner Vorhang ».

J'ai compris plus tard tout le hasard de mon identité natale : si ma mère n'avait pas fui l'enfer de Dresde, peut-être serais-je aujourd'hui un Saxon « pure laine », ex-citoyen d'une RDA disparue et vivante en même temps. Mais je suis devenu, en 1947, holsteinois, et, par ce fait même, résident de la zone d'occupation anglaise, et futur citoyen de la RFA. Ce n'étaient pas des tanks russes, mais des tanks anglais, qui meublaient cet univers. Des soldats danois et anglais jouaient avec nous, pendant que nous nous amusions à chercher des armes et des munitions enfouies sous la terre, entourés d'un drôle de silence des adultes lorsque était prononcé le mot « Krieg », « guerre ».

La façon dont je me vois, en tant que jeune Allemand, est indissociable de l'omniprésence silencieuse d'une guerre que je ne connaissais pas, et d'une ambiance que nos manuels appellent aujourd'hui encore « la guerre froide », « der Kalte Krieg ». Le premier long voyage à l'extérieur de mon village me conduisit, à l'âge de sept ans, en 1954, à Dresde – mon grand-père y étant pasteur protestant. Événement détermi-nant ! Je rendis donc visite à mes grands-parents à Dresde, dans la « Zone », à la « SBZ », noms que les gens autour de moi donnaient à la zone d'occupation soviétique. Pour s'y rendre, il fallait traverser une véritable frontière constituée de barbelés et de soldats, de nombreux contrôles et de tout ce qu'elle avait d'intimidant. La première étoile rouge que je vis m'infligea une peur mortelle. Chez nous, les gens racontaient de sombres histoires, les femmes en particulier, sur les sol-dats russes, sans que j'en comprenne la raison.

Et puis Dresde. Je me souviens de Dresde, qui n'était que champs de ruines et de décombres ; là où se trouve aujour-d'hui la nouvelle « Prager Straße », il y avait une grande plaine avec des moutons. Je me souviens de mon grand-père dans son temple protestant, d'un monde que je perçus alors comme un univers à part entière, où les discussions des parents, des grands-parents et des voisins se faisaient à voix basse. Plus tard, j'appris que tout cela se passait un an après la première insurrection populaire en RDA, en pleine ambiance de répres-sion et de procès politiques, et que les agents de la police politique, de la « Stasi », figuraient parmi les visiteurs les plus fidèles du culte de mon grand-père. J'ai joué avec la fille des voisins, je me souviens de mon premier sentiment amoureux – plein d'innocence puérile – et de son foulard rouge de mem-bre de la jeunesse communiste. Plus tard, j'ai appris qu'elle s'était enfuie avec ses parents « nach drüben », « à l'ouest » –

comme trois millions d'autres personnes. Dresde, première ville de mon enfance, devint un mythe intime et étrange ; si loin de mon village nordique, elle devint le premier symbole de mon existence d'Allemand.

La séparation allemande eut des répercussions dans ma vision de la famille, avec tous ces réfugiés à la maison, mes grands-parents derrière un « rideau de fer » et une tante vivant dans une ville nommée « Westberlin », Berlin-Ouest, qu'on disait entourée de Russes.

Cet enfant commença à prendre position politiquement en manifestant chaque 17 juin, ce fameux jour où la RDA de 1953 connut un soulèvement populaire écrasé par des chars soviétiques : je me vis participer en Allemagne du Nord aux commémorations politiques en souvenir de ce 17 juin, qui était chez nous devenu un « Nationalfeiertag », Fête nationale, mais dépourvue d'esprit festif. Les gens allumaient sur la place publique des torches et de grands feux commémorant le soulèvement. Ils chantaient l'hymne national et d'autres chants pathétiques. Ils mettaient des bougies à leurs fenêtres en souvenir de ceux que l'on appelait « nos frères et sœurs dans la Zone » – comme plus tard en RDA les gens allumèrent des bougies d'espoir, mais cette fois-ci pour eux-mêmes.

J'entendais les adultes parler d'une révolte en Hongrie avec un air soucieux ; je partageais ma chambre avec un nouveau réfugié, venu cette fois-ci de la « Zone ». Il attendait sa famille et écoutait toute la journée des nouvelles de plus en plus effrayantes sur le soulèvement populaire de Budapest en 1956.

Ma « géographie cordiale » allemande restait floue et étrangement exotique : mon village au Holstein avec ses soldats anglais et danois ; les récits mélancoliques de nos réfugiés sur la Mazurie de Prusse orientale, aux voix étranges et belles, parlant d'un pays dont je vois toujours, tels des mirages flous, les forêts étendues et les lacs clairs comme du cristal, sans pourtant jamais y avoir été. Une ville nommée « Westberlin », où habitait ma marraine, qui se qualifiait avec une drôle de fierté d'«Insulanerin», «insulaire». Dresde, la ville de ma mère et de mon grand-père, peuplée de soldats russes; et un pays lointain nommé la Bavière, où s'était réfugiée une autre tante de Dresde. Il y avait aussi une première lecture d'enfant de certaines colonies allemandes en Afrique, que je ne savais pas ne plus exister depuis des décennies. Une certaine Sibérie, qu'évoquaient les gens en parlant des proches qu'ils attendaient depuis la guerre. L'Allemagne: drôle de pays, un sentiment plutôt flou, mais pas de géographie précise.

Peu à peu, à la fin des années 1950, une première ébauche géographique et politique se précisa chez moi, jeune et candide adolescent. Sur les affiches et les cartes, mais aussi dans les conversations de mon entourage, je découvris un pays séparé en trois parties: d'abord «Westdeutschland», que les officiels de ma région appelaient République fédérale d'Allemagne; puis la «sowjetisch besetzte Zone» que certains appelaient «DDR»; et finalement une troisième partie, bien plus éloignée: les «Ostgebiete», le pays des grands réfugiés venant de Silésie, de Poméranie, de Prusse orientale.

Mais l'un de mes premiers sentiments d'Allemand fut avant tout celui de vivre «im freien Westen», dans «l'Ouest libre». Le modèle, c'était les États-Unis, «Amerika», ou du moins ce que l'enfant en voyait: du chewing-gum aux cheveux d'Elvis. Être Allemand à l'Ouest, ce fut alors pour nous cette distinction géopolitique entre nous à l'Ouest et «les frères et sœurs au-delà du rideau de fer», auxquels on envoyait des colis d'alimentation et de vêtements. Une vision, une vue d'histoire? À peine.

Mais ce sentiment allait bien vite s'écrouler chez moi. Il s'effondra avec une découverte brutale, à laquelle j'étais peu préparé. Je me souviendrai toujours des deux films, qu'à la fin des années 1950, toute la classe devait aller voir au cinéma. Le premier, «*Adolf Hitler*», était un film documentaire annonçant des images inédites sur le IIIe Reich, les camps de concentration et l'extermination des juifs. Je garderai toujours le souvenir du silence dans la salle. J'étais parmi ceux qui avaient saisi quelque chose de terrible : ce pays, dans lequel nous vivions, cette population à laquelle j'appartenais, ces parents, ces oncles et tantes que j'aimais tant, tout cela était chargé d'une énorme culpabilité. En voyant les images des chambres à gaz, des lunettes cassées, des cheveux coupés, des fosses remplies de cadavres, je commençai à comprendre que moi aussi, j'étais coupable, puisque après tout, moi aussi j'étais allemand. La culpabilité collective, « *Kollektivschuld* », tel était bien le message reçu à l'école, de l'instruction religieuse aux cours d'allemand. Moi aussi j'étais coupable d'une horreur dont je n'arrivais à saisir ni les causes ni les vraies dimensions, tout en vivant avec le souvenir affectueux d'un père modèle, ancien officier de la Wehrmacht.

Le deuxième film, « *Die Brücke* » (Le pont), de Bernard Wicki, rapportait un épisode de la guerre. Dans ce film on voyait des jeunes, à peine plus âgés que nous l'étions à l'époque, appartenant aux dernières levées de conscrits en 1945 : envoyés tous à la mort, pour défendre, inutilement, un pont quelconque ; une mort insensée, suivant la logique aveugle de l'ordre et de l'obéissance. Ce film n'a sans doute pas fait de moi un pacifiste, contrairement à beaucoup d'autres qui prirent des responsabilités dans les années 1970 et 1980 ; car l'impact d'une éducation anticommuniste, en pleine guerre froide, était pour moi trop fort. Je n'oublierai jamais les cris muets de ces enfants qui marqueront toute une génération de jeunes Allemands, et parmi eux les futurs pacifistes des années 1980.

II

Notre identité ouest-allemande, la mienne, fut donc le produit de cette vision du monde fondée sur la guerre froide, sur la division Est-Ouest ; ceci dans le contexte d'une mémoire d'autant plus douloureuse qu'elle était renforcée par le silence des parents et des adultes, vouée à l'espoir de pouvoir expier les fautes du passé. Cette jeune identité fut celle de la division, avec quelques points de repère géopolitiques comportant des valeurs quasi morales.

L'un d'entre eux, au caractère négatif, c'était cette « Zone », la terre de mes grands-parents, des compatriotes à plaindre ; son caractère politique fut symbolisé par le « Mur de Berlin », dont la construction, le 13 août 1961, s'ancra profondément dans ma mémoire, grâce aussi aux lettres dramatiques de ma marraine « insulaire ». Et si la chute du Mur, beaucoup plus tard, m'a plongé dans le bonheur, ce dernier reste indissociable des pierres et des barbelés qui barraient mon passage à Berlin-Ouest, en cette année mémorable de 1961, lorsque j'étais en visite chez ma tante Evi.

Le deuxième point de repère, celui-là positif, fut le sentiment flou d'appartenir au monde libre de l'Ouest, dont faisait partie la « Bundesrepublik ». Et quand je partis volontairement sous les drapeaux, portant l'uniforme comme mon père, la définition floue que j'avais de moi-même était celle d'un soldat allemand de l'OTAN.

La dernière référence qu'il y eut, elle aussi de valeur positive, fut celle de l'« Europe ». Quelle belle patrie supranationale pour le jeune qui n'avait plus de véritable nation-patrie ! Se retrouver européen parmi des Européens, ne plus être Allemand porteur d'une hypothèque on ne peut plus lourde, mais être tout simplement européen, rêver d'une Europe sans nationalités, sans guerres et sans culpabilité. N'est-ce pas à la fois un bel idéal et une belle solution pour celui qui se retrouve un peu apatride malgré lui ?

Nous savons aujourd'hui, en partie grâce à nos propres analyses, comment l'amour-propre matériel des parents, la fierté du deutschemark, et l'idéal européen des jeunes d'alors, ont pu jeter les bases d'une identité ouest-allemande qui se croyait en avance sur les autres, tout en reflétant l'état d'âme d'un pays dont l'identité nationale ne se reformula qu'en 1990.

En dehors de cela, de nombreuses autres questions restaient sans réponse : celle qui concernait le passé allemand, notamment le passé récent, dont l'impact nourrissait une conscience invalide. Cette conscience invalide cherchait, en morale politique, des hommes modèles. Pour ma génération comme pour moi-même, je retiens trois ou quatre noms : le Docteur Albert Schweitzer pour son œuvre de charité, cet Alsacien français ou allemand, que nous pouvions imaginer comme étant « le bon Allemand en Afrique ». Le chancelier Konrad Adenauer, cet homme d'État intègre qui organisait l'ancrage de l'Allemagne à l'Ouest et en Europe occidentale, et – finalement – deux hommes d'État étrangers : John F. Kennedy et Charles de Gaulle, l'un représentant le jeune visage du « free world », l'autre, représentant un idéal européen malgré lui, et nous renvoyant, grâce à sa politique franco-allemande, une sorte de « pardon allemand ».

Surtout de Gaulle fut important pour moi, en s'adressant à mon âme d'Allemand en quête d'expiation. Nous avons écouté son discours aux soldats allemands à Hambourg, aux ouvriers allemands à Duisburg, au « peuple allemand » sur la place du marché de Bonn, alors capitale de la RFA ; nous avons surtout écouté son discours sur la réconciliation, adressé à la jeunesse allemande dans la cour du château de Ludwigsburg en 1962. Nous étions dix devant une télé, écoutant son hommage aux jeunes Allemands, et nous ressentions les frissons d'un grand moment historique. Pour moi et pour beaucoup d'autres, ce discours marqua le début de l'ère franco-allemande, ou mieux encore, européenne. La parole politique du général trouva son écho concret et déboucha sur une expérience nouvelle et inouïe en France.

Tout aussi importante est la réflexion permanente sur le

passé immédiat, sur le poids du passé, qui a fait naître une nouvelle forme de morale en politique, celle du «jamais plus». Exprimée dans sa version négative, elle pouvait se manifester par un moralisme sévère, parfois injuste, très répandu parmi certains représentants de ma génération, les futurs et anciens «soixante-huitards», les nouveaux Saint-Just de gauche. Ce fut une réflexion douloureuse sur un certain passé. Et elle eut un effet dramatique : des discussions tragiques avec la génération de nos parents, suivies de ruptures : « *Qu'avez-vous fait? Où étiez-vous? Pourquoi n'avez-vous pas...?*» Ces questions étaient omniprésentes et restaient invariablement sans réponse. Rupture d'avec toute une génération qui n'arrivait plus à servir de modèle. Mais aussi confrontation avec une nouvelle liberté que nous avions encore à découvrir et à élaborer par nous-mêmes, de la réflexion sur la vie politique et sociale jusqu'à la recherche de nouvelles formes de vie, entre Woodstock et le printemps de Prague, celui de 1968 ; le regard porté sur des univers marginaux ou simplement différents ; la chute brutale du porteur d'espoir américain au Vietnam ; le rêve fantastique et bref du mois de mai allemand, français et international...

Et pour fuir la lourdeur, l'étroitesse et l'autosatisfaction de notre propre pays, nous fûmes nombreux à partir à l'étranger, à la recherche d'autres pays et d'autres cultures, qui furent pour nous de véritables ballons d'oxygène, ce qui n'était pas toujours le cas chez nos hôtes. Pour moi, cet oxygène fut d'abord le Danemark, à partir de 1962, puis de plus en plus la France. J'avais l'impression d'y modifier mon identité, tout en subissant chez mes hôtes de douloureuses confrontations. Pour moi, la France fut d'abord Pézénas, et à Pézénas, la famille Blanquer, la famille de mon correspondant français. Sa cordialité et son ouverture, que jamais je n'oublierai, m'ont mis sur une voie décisive pour ma vie ultérieure : celle de la France et d'un nouveau voisinage franco-allemand. Ces Français de Pézénas, des vieux et des jeunes, auxquels je souhaite ici rendre hommage, furent les premiers à me faire prendre conscience d'une existence personnelle, à la fois hédoniste et fondamentalement politique. Comme d'autres Français l'ont fait auprès d'autres jeunes Allemands, ils m'ont fait redécouvrir ma valeur intrinsèque tout en me révélant un autre monde, une autre société, une culture politique différente. Pour la première fois, des adultes moins rigides, plus ouverts, plus gais aussi, nous parlaient, nous traitaient avec le pardon tant désiré, mais sans pourtant nous humilier. En rétrospective, cela illustre bien joliment cette leçon vitale : l'on a besoin de l'Autre, voire de l'étranger, pour se retrouver d'une façon plus sereine !

Il y eut pour moi et ma génération deux autres expériences-clés, la guerre du Vietnam et mai 68, tous deux intimement liés à l'image que nous avions de l'Allemagne. Le Vietnam, ce fut l'écroulement d'une certaine idée de l'Amérique qui nous avait été chère. Quant à mai 68, la mort brutale de Benno Ohnesorg, cet étudiant allemand tué par un policier, devant l'opéra de Berlin en juin 1967 à l'occasion de la visite du Shah d'Iran, fut un tournant pour beaucoup d'entre nous, même si nous n'étions pas alors étudiants, mais élèves ou, comme c'était mon cas, soldats. Rétrospectivement, mai 68 – avec tout ce que le mouvement a fait naître dans la culture politique de la RFA et abstraction faite d'un certain nombre d'exagérations et d'erreurs idéologiques – fut pour nous un événement considérable. Cette crise de tout un système de valeurs, que nous avions vécu, touchait notre identité ouest-allemande pavée de doutes. Ce fut d'abord la révolte, la rupture avec une société ressentie comme vétuste et autoritaire. Mais ce fut aussi le long cheminement, par la suite, vers une nouvelle société civile en Allemagne de l'Ouest.

N'étions-nous pas auparavant une démocratie plutôt superficielle, issue d'une rééducation formelle, forgée par un anticommunisme sans nuances ? Cela peut paraître assez injuste à l'égard de tous ceux qui, avec courage, sincérité et ténacité, ont essayé de fonder et de faire naître en nous, après la guerre, le sens de la démocratie. Mais ceux-là mêmes n'ont peut-être jamais compris à quel point nous, qui essayions de « comprendre », étions impuissants en découvrant le passé récent, en voyant que la nouvelle République avait gardé tant de résidus du passé, et que le nouveau miracle économique prolongeait aussi une continuité inquiétante.

Aussi essayions-nous parfois de démontrer que nous avions « tiré nos leçons » de l'histoire, que nous étions de « meilleurs Allemands », tout en devenant parfois d'affreux moralistes. Mais également en nous engageant pour des causes qui impliquaient une renonciation, qui nous paraissait d'ailleurs inévitable : la reconnaissance de la ligne Oder-Neisse comme frontière germano-polonaise, afin de tourner la page sur un passé particulièrement lourd ; l'ouverture à l'Est – tant réclamée par nos amis français à l'époque ! – et la normalisation de nos relations avec la RDA, pour sauver un minimum de contacts vitaux entre les deux parties de la nation allemande. Mais notre principal souci, c'était de remettre en question des valeurs que l'on nous présentait sous forme de catéchisme figé. Nous étions alors proches des idées exprimées par Heinz Abosch dans son livre (publié en France en 1960) *L'Allemagne sans miracle* :

Quant au miracle économique, c'est la preuve convaincante du travail, de la discipline, du sens d'organisation des Allemands. C'étaient les caractères dominants de tous les régimes antérieurs, du Kaiser à Hitler. Le miracle n'est pas là. Il s'agit de la continuation de la tradition. Pour faire vraiment du nouveau on aurait dû justement interrompre celle-ci. Le vrai miracle aurait dû consister dans une démocratisation effective. Dans le remplacement des anciennes élites, dans une rupture avec les traditions réactionnaires. Ce n'est, hélas ! pas le cas. Le badigeonnage démocratique auquel se soumettent les maîtres ne signifie pas une révolution démocratique réelle... Dès lors nous pouvons ajouter cet après-guerre à tous les échecs de démocratisation précédents, ceux de 1848 et de 1918 notamment. Plus que jamais la question se pose : quand et comment l'Allemagne va-t-elle résoudre cette tâche toujours remise ? Moins officielles, les forces nouvelles continuent néanmoins à exister...

Voilà une analyse sans doute trop sévère, voire injuste, mais qui reflète à bien des égards notre sentiment de frustration adolescente. Ce que l'auteur considérait en 1960 comme une tâche toujours remise au lendemain n'a-t-elle pas été amorcée dès la fin des années 1960 en RFA, ne s'est-elle pas prodigieusement accomplie dans la société est-allemande dès le 7 octobre 1989 ?

Sur cet arrière-plan politique se dessina l'espoir de la coalition socialo-libérale à partir de 1969, avec à sa tête Willy Brandt qui, ancien résistant, personnifiait un nouvel esprit de rupture, d'ouverture et de réconciliation. Ce fut plus qu'un simple gouvernement, car cette coalition exprimait un véritable tournant dans la société. Elle donna la chance aux contestataires d'alors de retrouver leur propre pays, leur propre État, voire d'aller à la rencontre de leurs propres parents, de nos parents que nous aimions, malgré tout. Quelle chance de retrouver ces derniers dans le geste de prosternation de Willy Brandt à Varsovie... En 1972, la motion de défiance lancée par Rainer Barzel contre Willy Brandt dans le contexte des traités avec l'Est, le risque d'une chute de son gouvernement grâce à des députés « achetés », ont ému tout le pays, des usines aux salles de cours. Au moment du vote, je me trouvais à la cantine de l'Institut politique de l'Université libre de Berlin, à l'image de cellule « rouge » par excellence – dans les journaux conservateurs. La cantine était bondée. Les étudiants suivaient le vote avec une attention extrême et une émotion profonde. Si la motion de défiance était passée, cela aurait signifié beaucoup plus que la chute d'un gouvernement, cela aurait été la condamnation de l'*Ostpolitik*, de l'ouverture à l'Est, le retour à un monde ancien et à une société mal aimée. Je crois pouvoir dire que plus jamais je n'ai observé une telle identification publique d'une aussi grande partie de la population allemande avec les valeurs et objectifs politiques de son gouvernement. Le débat sur les traités avec l'Est symbolisait pour nous la lutte de la vieille Allemagne contre la nouvelle, personnifiée par Willy Brandt, ancien résistant et maire de la ville « insulaire » de Berlin.

La politique intérieure et extérieure de la coalition social-libérale nous a facilité la tâche, elle nous a permis d'être, voire de redevenir allemands. Voyager à l'étranger en professant à haute voix son appartenance à ce pays devint dès lors possible. En même temps, après tous ces voyages à l'extérieur de l'Allemagne, le retour à la source commença. Ce furent dorénavant des voyages de redécouverte de l'Allemagne elle-même, y compris de sa partie orientale. Et dans l'autre partie de l'Allemagne, grâce à la nouvelle politique de détente et aux traités de l'Est, nous découvrîmes non pas uniquement nos « pauvres frères et sœurs » de RDA, mais également des chansonniers, des artistes, des écrivains, des hommes et des femmes qui nous fascinaient. Ils nous donnaient – pensons aux chansons de Wolf Biermann – une leçon discrète, dépourvue de patriotisme. Mais il y avait aussi ceux qui croyaient en leur nouvelle société et dont la sincérité est aujourd'hui la cause de leur profonde et déchirante déception.

Le prisme dans lequel je vis ces changements fut « Westberlin », ancienne « île » de ma marraine. Cette île qui devint pour nous autres, jeunes, qui rejetaient une société ouest-allemande un peu autosatisfaite, un peu trop « proprette », un drôle de refuge : Dans cette ville-martyre, à la fois prisonnière et libertaire, entourée d'un mur-monstre, nous vivions, dans les quartiers et les nuits de Kreuzberg et de Neukölln, le désir de rattraper toute une adolescence. Et cette soif de vivre nous transforma en passe-murailles… Je garderai toujours un souvenir plein de tendresse de cette ville solitaire et paradoxale qui a dû sauvegarder la blessure d'une séparation et a pu devenir, plus tard, le théâtre explosif d'une nouvelle unité. En abandonnant petit à petit l'image grossière d'une division Est-Ouest sans compromis, nous commençâmes également notre redécouverte de l'Europe de l'Est, du centre de notre continent, de ces terres et cultures si longtemps refoulées dans notre subconscient.

N'était-ce pas là une des raisons pour lesquelles une partie de ma génération eut du mal à succomber, au cours des années 1980, aux sirènes d'un certain pacifisme candide? Celle-ci accepta difficilement le stationnement des Pershing sur le sol allemand et ne voulut pas reconnaître en Ronald Reagan et en Helmut Kohl des qualités d'hommes d'État autres que ce que caressaient à l'époque certaines conceptions pacifistes du monde. Mais cela n'explique qu'une partie du problème. À l'origine de ce sentiment répandu dans toute une génération d'après-guerre, à laquelle j'appartiens, il y avait le credo politique suivant: « Plus jamais une guerre ne doit partir du sol allemand! » Ce credo se dressait à l'encontre de la leçon française : « Plus jamais de Munich ». Joli credo allemand qui, cependant, dès que l'Allemagne unie et pleinement souveraine entra dans l'ère de la responsabilité internationale, dut subir de douloureuses leçons de correction. Cette leçon, entreprise pendant la guerre du Golfe, perdure aujourd'hui encore ; elle transforme toute la culture politique de la nouvelle République fédérale d'Allemagne, dont les soldats d'aujourd'hui, au sein de l'OTAN, partent pour la première fois dans l'histoire allemande depuis la guerre, en mission non pacifique aux Balkans – sans provoquer de craintes chez nos voisins.

III

Si vous relisez les textes publiés à l'occasion du quarantième anniversaire de la RFA, au mois de mai 1989, vous aurez aujourd'hui certaines difficultés à reconnaître le pays d'alors. Je ne parle pas du fait que la RFA de mai 1989 n'était pas encore le pays réuni, donc accompli, que nous connaissons aujourd'hui. Mais je parle du fait que la RFA d'alors, en attendant officiellement son achèvement dans l'unification, ne se sentait même pas inachevée. À cette époque, quelques mois avant la chute du mur, la « question allemande » semblait définitivement résolue, avec l'assentiment de la volonté générale.

J'avoue qu'en 1989, j'ai été politiquement incorrect lorsque j'ai, encore ou à nouveau, imaginé de façon assez floue l'unité allemande. Grâce à une certaine semi-socialisation française-gaullienne et grâce au débat franco-français sur la question allemande, qui m'avaient fait retrouver la longue durée des nations, même dans leur déclin, mais surtout grâce à mes approches personnelles des réalités en RDA, j'avais fini par refuser le maintien d'un *statu quo* allemand dont le contexte, tout de même, se déstabilisait, sans pour autant me sentir « nationaliste ». Mais de là à vivre les moments de joie devant l'écroulement du Mur de Berlin, dans la nuit du 9 au 10 novembre 1989, quelle divine surprise !

Le hasard a voulu que lorsque le Mur s'est écroulé, je passais le week-end historique du 9 au 12 novembre à Berlin. J'ai vécu ces heures extraordinaires comme un moment unique dans ma vie. Ces quelques heures ont transformé un peuple tout entier, vivant dans deux États encore si différents. Depuis le 9 novembre, non seulement un mur en béton s'est écroulé, mais deux pays autonomes, en fusionnant dès 1990 en un seul État, ont vécu et ont dû vivre de profonds bouleversements. Une double transformation, que le journaliste suisse Roger de Weck décrit alors, dans l'hebdomadaire *Die Zeit*, dans les termes suivants :

Dans le pays des grandes peurs (la RFA) se lève maintenant le principe de l'espoir. Quelle métamorphose non seulement en RDA mais aussi en RFA. Pour la première fois dans l'histoire allemande se réalise une révolution profondément pacifique. Elle a démenti deux clichés : celui du romantisme allemand et celui de la démesure, de l'orgueil allemand.

Mais ces changements concernent d'abord l'ex-RDA, qui devint une « Beitrittsgebiet », et dont les 17 millions d'habitants durent faire l'expérience de changements de structures, d'institutions, de mentalités, de rapports sociaux, tels que rarement n'en a connus un pays en si peu de temps. Nous savons tous que dans certaines couches sociales et groupes d'âge, le principe de l'espoir s'est transformé en principe de réalisme, mêlé de frustrations. L'espoir dont parle Roger de Weck est entre-temps retombé en RFA en une indifférence peut-être normale, mais néanmoins regrettable. Nous savons que les deux anciennes Allemagne ne forment toujours pas un seul vrai pays et que ce schisme va encore durer longtemps, avec des différences et des clivages selon le groupe d'âge, le groupe social et la région respective. Pourtant, les deux pays constituent à nouveau un seul État, plus stable qu'il ne l'avait jamais été auparavant dans l'histoire allemande : nous avons affaire à une nouvelle République fédérale d'Allemagne, qui prolonge certes ses fondements de démocratie occidentale, mais qui est aussi en train d'apprendre son nouveau rôle, fait de souveraineté et de responsabilité nationale, européenne et internationale, tout en vivant les conflits de conscience que cela implique. La nouvelle capitale, Berlin, sera le symbole de cette unité, dans les différences et les différends.

Moi-même, je fis alors partie de ceux qui vécurent cette métamorphose collective comme une métamorphose personnelle ; celle-ci dure toujours. Le bonheur de vivre personnellement, au meilleur moment de ma vie, une telle expérience historique m'apporta une nouvelle raison d'être, voire une nouvelle passion de la vie. Ce fut au Canada que je pris la décision de ne plus rentrer à Bonn, mais de changer de vie en acceptant un poste à l'Université de Dresde, voire en m'installant définitivement dans la ville de mes grands-parents et de ma mère. Suis-je tout simplement retourné aux racines de ma mémoire d'enfant ? Dans un certains sens, c'est possible. Il est tellement beau de s'y retrouver, dans cette géographie du cœur. N'est-ce pas une sorte de réconciliation affective, opérée lors d'un voyage intérieur en Allemagne, et qui reflète tous les virages de la jeune histoire allemande de l'après-guerre ?

Par ailleurs, j'ai véritablement tourné une page pour vivre dans une région de mon pays qui est pour moi une promesse d'avenir. Désormais, il s'agit d'appartenir activement à une génération de médiateurs entre un passé d'après-guerre et un présent de tournant du siècle, entre une expérience ouest-allemande, à savoir occidentale-européenne, et une nouvelle vie est-allemande, à savoir d'Europe centrale.

J'ai souvent affaire à des frustrés nostalgiques de la RDA et à des parvenus-profiteurs du nouveau régime ; à des victimes de la *Stasi* et à d'anciens résistants ; à d'anciennes figures de proue du régime communiste et à de simples compagnons de route ; à des personnes âgées vivant tranquillement leur retraite, tirant un trait sur leur passé, et à des jeunes explorant le monde comme le font tous les jeunes du monde. J'ai surtout affaire à des personnes, hommes et femmes, qui ont tout simplement tenté de vivre leur vie par le passé, sans être ni héros ni coupables, et qui continuent à le faire. J'ai affaire à des Allemands de l'Ouest marqués par l'arrogance et l'ignorance vis-à-vis de leurs compatriotes des nouveaux *Länder*, mais je vois aussi des compatriotes ouest-allemands qui se sont lancés avec un engagement courageux dans leurs nouvelles tâches, sans exiger un quelconque privilège. Je connais des Rhénans qui s'intéressent davantage à Paris qu'à Berlin et des Rhénans qui découvrent avec passion une ville saxonne telle que Dresde comme s'il s'agissait d'une ville exotique d'Asie.

Je vois surtout grandir une nouvelle génération de jeunes dont l'horizon se trouve déjà au-dessus de la distinction est-allemande/ouest-allemande, et qui vont être le socle d'une nouvelle Allemagne ; car désormais, celle-ci est unie, également en profondeur, tout en vivant des différences est-ouest, nord-sud, catholiques-protestantes, cléricales-laïques, rurales-urbaines, et surtout des différences traditionnelles régionales entre des *Länder* tels la Saxe, la Bavière, le Schleswig-Holstein, la Hesse ou la Sarre. Une génération de jeunes Allemands qui – je l'espère – va grandir, pour la première fois dans l'histoire allemande, dans un pays achevé, dans une société entièrement démocratique de type occidental ; dans une Allemagne qui assume son histoire singulière, pleinement intégrée dans la communauté internationale et européenne, pas toujours aimée, mais respectée par ses voisins, comme l'est dans un ensemble un élément égal à tous les autres.

La RDA est morte, malgré les traces de nostalgie et malgré une mémoire qui dure pour en faire une nouvelle RDA virtuelle. La première RFA est morte également, elle aussi issue du partage de l'Europe, et dont trop de gens disaient déjà qu'elle seule était restée « l'Allemagne ». Ce n'est que maintenant que l'Allemagne renaît, non pas « la grande Allemagne », dont certains médias caressaient le spectre, ignorant la superficie de l'Allemagne d'antan, ainsi que les différences entre régimes démocratiques et autoritaires. Celle qui est née il y a une dizaine d'années est une nouvelle « Allemagne fédérale », dont rêvait le médiéviste français Étienne Gilson dans *Le Monde* du 27 janvier 1949 : « une Allemagne dans l'Europe, et une Allemagne libre, mais d'une liberté qui soit européenne, comme sera la nôtre ». Gilson, qui disait que « la sagesse seule, non la force, pourra nous la donner », serait aujourd'hui heureux, car le peuple en Allemagne de l'Est a su nous la donner par la sagesse d'une révolution pacifique ; quant à nos voisins, ils eurent la sagesse d'accepter les conséquences qui en résultèrent.

C'est par hasard que je suis né allemand ; et comme tout autre sujet d'un pays quelconque, j'ai dû subir et me créer une identité nationale. Mais, étant né enfant de Goethe et d'Auschwitz, il me fallait assumer une mémoire séculaire bien contradictoire, afin de trouver une identité peut-être sereine, mais compliquée. Y a-t-il dans « ce foisonnement de circonstances, petites et grandes, décisives et mineures », comme l'écrit Jean-François Revel dans ses *Mémoires*, un sens quelconque ? Je l'ignore. Mais ce que je retiens de *mon* existence allemande, c'est son caractère provisoire qui a accompagné ma vie tel un fil conducteur. Enfant, j'avais un certificat d'identité « provisoire » de la zone d'occupation britannique. Plus tard, j'ai possédé la carte d'identité d'une partie occidentale de l'Allemagne, qui me garantissait formellement que j'étais « allemand » et non « allemand de l'Ouest ». Ensuite, je fus en possession d'une carte d'identité de Berlin-Ouest qui, en raison du statut d'alliés de la ville, avait une autre couleur que celle de la carte ouest-allemande ; elle s'intitulait « Behelfsmäßiger Ausweis », « carte provisoire », et m'attribuait la « nationalité allemande ». Ce qu'il y a de commun à ces trois papiers officiels, c'est le sens du « provisoire » qu'ils comportent. Juridiquement parlant, je fus pendant quelques décennies un Allemand provisoire. Aujourd'hui, je dispose d'une carte d'identité issue de la mairie de Dresde, en ex-RDA. Je vis avec une conjointe née en RDA, dans ce pays qui, tout en étant totalitaire, a voulu lui apprendre à être citoyenne d'un État qui avait su incarner pour toujours la meilleure Allemagne.

Nos enfants sont nés dans le tourbillon d'une maison allemande en plein déménagement : le premier, un mois après la chute du mur, dans une RDA moribonde et pleine de l'euphorie de la «Wende». Le deuxième a reçu un certificat de naissance de l'Allemagne unie, en pleine période de nouvelles certitudes et de nouveaux doutes. Ces enfants seront-ils moins provisoires que je l'aurai été? Bien sûr que non. Mais ils vont grandir dans une Allemagne qui, comme la France, s'achève – au double sens du mot et comme l'espérait jadis le Français Ernest Renan dans sa célèbre définition de la Nation – dans un ensemble européen. Nos enfants ne seront pas des Allemands provisoires, mais transitoires, comme le pays lui-même. Et quels changements peut-on aujourd'hui déjà constater! Aurait-on imaginé, il y dix ans encore, des soldats allemands et danois réunis avec des soldats polonais dans une caserne de l'OTAN, à Stettin sur l'Oder, ville polonaise située en ancienne Poméranie allemande? Événement à la fois aussi spectaculaire et normal que le défilé de la brigade franco-allemande sur les Champs-Élysées lors d'un certain 14 juillet...

Si nous avons l'occasion de commémorer les 50 ans de la République fédérale d'Allemagne, comme les 50 ans du Conseil de l'Europe, soyons conscients de cette transition européenne de nos pays. Car elle est la seule leçon valable que nous pouvons tirer de ce «siècle abhorré».

2

Un demi-siècle d'imaginaire politico-imaginaire

La question de savoir comment un pays perçoit le monde et comment il y définit son rôle dépend de la situation même de ce pays. Force est de constater que depuis 1949, la situation allemande a bien changé, et ceci à plusieurs reprises. Néanmoins, il y a quelques lignes de force d'une étonnante continuité de 1949 à aujourd'hui.

I

Le point de départ de l'Allemagne d'après-guerre était celui d'un peuple battu, morcelé, désarmé, dépourvu d'honneur et de fierté. En tant que territoire et État, la nouvelle RFA était un fragment d'État sous contrôle de puissances étrangères, sans souveraineté extérieure jusqu'en 1955, en marge de l'un des deux blocs qui commençaient à exercer leur impact sur un monde divisé en deux. Rien de plus. Mais grâce à cette nouvelle partition du monde et de l'Europe, ce pays fragmenté se trouva rapidement, du point de vue stratégique et géopolitique, dans une position clé, comme jamais il ne l'avait été dans son histoire.

Ce chapitre reprend en grande partie un texte paru sous le titre « Comment la République fédérale perçoit le monde depuis 1949 », dans L'état de l'Allemagne, Paris, Éditions La Découverte, 1994, p. 365-366.

Face à une nouvelle présence russe en Europe centrale et en Allemagne, se forma sous l'égide des États-Unis, la barrière de l'Alliance atlantique. Ce nouveau pôle de force prit le relais de l'ancien système politique européen, avec ses lois concurrentielles et précaires fait d'équilibre et d'hégémonie, et dont la faillite totale avait annulé toute option de « troisième force » entre les deux géants mondiaux. L'ancrage de l'Allemagne de l'Ouest en tant que glacis continental dans ce pôle occidental devint une raison d'être de ce dernier. Elle devint le symbole même de la « résistance » occidentale et atlantique.

Lorsque le maire de Berlin-Ouest, ville encerclée en pleine zone d'occupation soviétique, à la situation hautement symbolique, s'est écrié en 1948, lors du blocus soviétique de Berlin-Ouest, face au monde entier : « Regardez cette ville », il a exprimé la vision que les Allemands de l'Ouest se faisaient à l'époque de leur place dans le monde : le monde entier les regardait, ils étaient donc au centre du monde. L'Amérique et Berlin-Ouest : dans l'imaginaire collectif ouest-allemand, deux noms représentaient à eux seuls les « affaires du monde ». Il s'agissait d'un « mondialisme occidental » bien paradoxal de la part d'un pays qui avait pris une place clé dans le monde grâce à son statut de victime, grâce à son absence de puissance politique. Le réarmement de la RFA, son intégration militaire dans l'OTAN, ne firent que renforcer ce sentiment d'importance accrue. C'est ce genre de mondialisme occidental qui a permis de dire dès 1951 à Ludwig Dehio, historien et observateur politique lucide, que « l'Allemagne retourne après des années de passivité politique de nouveau dans la zone de responsabilité la plus directe[1] ». Telle est la première ligne de force.

---

1. Ludwig Dehio, *Deutschland und die Weltpolitik im 20. Jahrhundert*, Munich, R. Oldenbourg, 1955, p. 11 ; il s'agit d'un texte d'une conférence de Dehio, prononcée en septembre 1951.

Cette responsabilité propre ne fut pas cependant le prolongement d'un *Sonderweg*, d'une voie particulière à l'Allemagne, déchirée entre l'Est et l'Ouest. Bien que cette tentation ait existé comme ce fut d'ailleurs également le cas en France, elle ne réussit à l'emporter ni dans la classe politique ni dans la population. «Les Allemands ne croient plus à Rapallo», titrait *Le Monde* dès 1949 (7-5-1949). Un sondage Gallup de la même époque confirma d'ailleurs que 53 % des Allemands dans les zones occidentales se prononçaient pour l'établissement d'un *Weststaat*, d'un «État occidental», par définition fragmenté, face à 23 % qui optaient pour une Allemagne «neutre», mais unie. *Tertium non datur.* Telle est la deuxième ligne de force qui, en partant d'une situation globale, fit son chemin pour s'enraciner au fur et à mesure profondément dans les esprits d'une société ouest-allemande en formation.

Ce nouvel occidentalisme allemand avait son côté atlantique, d'où l'impact des États-Unis dans l'imaginaire mondial allemand ; mais il eut dès le début, et de plus en plus, son côté «européen». Car le prix qu'avaient à payer les Européens, en particulier les Allemands, en échange du Plan Marshall et de leur sécurité, était l'intégration de l'Europe occidentale ; contrainte objective vivifiée par l'aspiration des populations à la paix, favorisée par l'incapacité d'agir des anciennes puissances continentales et soutenue du côté des Allemands par le vide d'identité nationale. L'européanisme occidental fut donc le deuxième axe du mondialisme allemand, et de loin le plus important. Car la politique d'intégration européenne offrait aux Allemands de l'Ouest un champ d'identité post-nationale (la nation n'existant plus) ; elle offrait à la nouvelle RFA d'une façon concrète le premier forum d'action en termes de politique «étrangère», la porte de sortie pour quitter son ghetto de vaincu et pour s'avancer toujours un peu plus vers une reconnaissance politique et morale, vers l'égalité politique, vers la souveraineté d'État et – quelle ruse de l'histoire – vers le rétablissement de l'unité nationale dans la perspective d'une union européenne. Telle est la troisième ligne de force : le champ européen, auquel s'appliqua avec une dimension de véritable *Realpolitik* la politique d'intégration et la bilatéralité franco-allemande.

Le transfert d'un nationalisme politique dépourvu d'objet propre vers l'Europe fut accompagné d'un transfert parallèle vers le champ de l'économie. La force de cette dernière devint un ersatz de puissance, qui fit dire dès les années 1950 à Carlo Schmid, homme politique, homme de lettres franco-allemand et dirigeant social-démocrate éminent : « Nous sommes certes puissants, mais nous n'en parlons plus. » Cette force économique reposait de plus en plus sur les capacités d'exportation de l'Allemagne vers le monde entier ; moyennant quoi le mondialisme allemand n'était pas seulement influencé par le schisme global et soutenu par la pierre de voûte européenne, mais de plus en plus par une vision économique mondialiste, voire libre-échangiste, renforcée par les besoins de profil bas en matière de politique internationale. Il n'était donc plus question de *Weltpolitik*, de politique internationale, ni en termes politiques ni encore moins en termes militaires. Mais de *Welthandel*, de commerce international, sans pour autant en parler en termes de commerce et de profit, plutôt en termes d'humanisme économique. D'autant plus que l'Allemagne vivait alors sans charge colonialiste et pouvait ainsi affronter le Tiers monde sans complexe de culpabilité ; enfin un domaine qui ne vivait pas sous l'impact direct du jeune passé allemand.

Mais cette fois-ci, c'était le présent allemand qui compliquait l'affaire, du moins pendant ces quelques longs moments de la division allemande. La doctrine « Hallstein » invitait, dès 1955, le gouvernement de Bonn à rompre les relations diplomatiques avec les gouvernements reconnaissant l'existence de la RDA comme deuxième État allemand, problème qui touchait les nouveaux États du Tiers monde. Il va de soi que Bonn savait utiliser à des fins diplomatiques sa politique commerciale internationale, à laquelle appartenait la politique de coopération, pour que soit respectée la doctrine Hallstein. Jusqu'au jour, à la fin des années 1960, où cette doctrine tomba dans son propre piège, celui du chantage : l'humanisme économique de la RFA eut donc bien un côté utilitariste, motivé par les besoins de la politique allemande interne face au problème de la division, de la *Deutschlandpolitik*. La ligne de partition se prolongeait donc dans le Tiers monde, partition entre les « bons », ceux qui étaient pour l'unité allemande, et les « truands », ceux qui étaient censés être contre. Malgré son caractère provisoire, cette ligne de force « bis » témoigne d'une caractéristique de longue durée du mondialisme allemand, à savoir de sa capacité à moraliser certains intérêts de puissance pour les éclipser dans un discours de profil bas, sans que cela ne joue beaucoup sur la vigueur de la défense de ses intérêts.

II

Ces caractéristiques de longue durée ne mettent pas en cause changements, contradictions et nuances. Le plus grand d'entre eux étant intervenu avec le tournant de 1989, dont l'événement marqua la fin de la division allemande et européenne, ainsi que la fin de l'Empire soviétique. Le schisme Est/Ouest ayant disparu, le mondialisme allemand n'en conserve pas moins aujourd'hui son côté occidental et ouest-européen. Il a de plus perdu définitivement son sentiment du rôle clé dans la stratégie mondiale, qui en réalité s'était effiloché depuis longtemps : le monde ne nous regarde plus comme « l'autel » du conflit Est/Ouest. Mais la mise en cause de ce nombrilisme mondial fut – au moins objectivement – compensé par le nouveau poids d'un État-nation réuni et pleinement souverain pour la première fois depuis 1945.

Quant aux caractéristiques occidentales et ouest-européennes du mondialisme allemand, elles ont pu sortir plutôt renforcées du grand tournant de 1989 ; toute tentation de *Sonderweg* politique ayant été écrasée par la faillite du modèle « oriental » et par les circonstances extérieures de l'unification. Cet acquis n'est pourtant pas éternellement assuré, car il ne dépend pas seulement des Allemands eux-mêmes, mais des relations transatlantiques, les Américains restant une garantie face au retour des démons de « recontinentalisation » des Européens, et intereuropéennes. Les Européens ont tout intérêt à ne pas lâcher leur politique d'intégration, seul moyen de faire obstacle au vieux jeu d'hégémonie et d'équilibre, ayant provoqué au moins par deux fois la faillite du continent dans notre siècle.

En ce qui concerne le nouveau poids de l'État-nation réunifié et pleinement souverain, dans le cadre de l'Union européenne, force est de constater qu'il ne révèle en rien la façon dont l'Allemagne ou les Allemands perçoivent leur nouvelle puissance et son usage dans le monde. Il est évident, et ceci est une leçon de la deuxième guerre du Golfe, que les jours où la RFA a pu se présenter dans le monde comme puissance purement économique, financière et civile, avec un code de pudeur morale particulière dû à son histoire, sont révolus. Même si elle est tentée de continuer dans cette voie, elle se heurtera inévitablement aux attentes de ses partenaires. Que la RFA « bis » se normalise, et qu'elle prenne une part active à côté de ses alliés, dans un cadre onusien, européen ou otanien, pour intervenir à titre de puissance politique et militaire, ces injonctions sont en effet plutôt formulées au-delà des frontières allemandes. Cette évolution n'est pas sans rappeler le réarmement de la RFA dans les années 1950, finalement opéré par la complicité des circonstances : menace extérieure, contrainte des alliés, habileté politique du gouvernement, et soutenu par la minorité des forces vives du pays[2].

III

Le débat en cours porte sur un mondialisme allemand qui se veut aussi occidental et européen que par le passé ; qui est en même temps moins pudique et politiquement plus engagé, tout en veillant à assumer certaines responsabilité de longue durée issues du passé nazi. Sur le plan de la praxis, cette évolution implique une présence allemande permanente au siège de sécurité de l'ONU et un engagement militaire dans des cadres internationaux, par exemple onusiens. Ce qui ne veut absolument pas dire que les voix qui réclament aujourd'hui une responsabilité mondiale accrue de la RFA crieront de joie quand la RFA sera prête à l'assumer pleinement. N'oublions pas non plus le poids de l'opinion publique dans l'ancienne RDA, dont les velléités pacifistes, voire anti-américaines, restent un facteur avec lequel il faut compter.

Ne nous lassons donc pas d'être complice des circonstances, de corriger la fortune et de chercher la « baraka » dont nous avons besoin pour imposer à l'Histoire une telle politique allemande de responsabilité mondiale domestiquée. Celle-ci aura à satisfaire un maximum de critères d'acceptation dans le pays même et chez ses voisins. Cela veut dire travailler à une Allemagne européenne, mais cela veut également dire travailler à une Europe encore moins déchirée.

---

2. Rappelons que ce texte a été écrit bien avant l'engagement des Allemands en Bosnie et au Kosovo, engagement militaire décidé par un gouvernement formé par le parti social-démocrate (SPD) et le parti des Verts, jadis farouchement pacifistes.

3

La paix et l'environnement : du rôle des grandes incantations

Souvent j'ai jeté un appel d'alarme vers mes amis inconnus pour qu'ils m'aident à secourir des détresses humaines, et toujours ils ont entendu ma voix. Aujourd'hui il s'agit de secourir des arbres, de nos vieux chênes de France, que la barbarie industrielle s'acharne à détruire.

PIERRE LOTI, *Le château de la Belle-au-bois-dormant* (1910)

« Paix » et « environnement » – deux véritables incantations politiques qui ont envoûté depuis quelques années les échanges intellectuels en Europe. Il en est de même pour le débat en Allemagne fédérale, mais également *sur* cette Allemagne occidentale.

Si je me prononce avec grand plaisir sur ce sujet, c'est surtout sur la base d'une expérience transnationale, dans l'intention d'élargir le dialogue transfrontalier au service d'une « Europe de la pensée et du politique ».

Pour commencer, quelques réflexions brèves, à partir d'une pratique du dialogue franco-allemand, sur ces deux thèmes

Ce texte reprend une intervention de l'auteur au colloque international « L'Europe de la pensée – l'Europe du politique », Albi, 5-6 mai 1989, organisé conjointement par le Forum international de politique, Cosmopolitiques, le Messager européen et le Centre culturel albigeois. Il a été publié dans *Cosmopolitiques*, numéro spécial, août 1989, p. 41-54.

qui ont une tendance fatale à se «germaniser» soit dans le regard du voisin, soit par un certain nombrilisme alternatif en RFA même.

I

Je ne veux point recenser tous ces discours alarmistes sur la dérive politique et psychologique de l'Allemagne occidentale, ces cris de Cassandre sur le «pacifisme allemand» et les écologistes d'outre-Rhin, discours et cris qui, hélas, sont loin d'avoir disparu. Pensons tout simplement au livre d'Alain Minc *La grande illusion*[1], dont les thèses ont fait des mois durant la «une», pendant que lui-même s'engageait dans une tournée de conférences et d'interviews tous azimuts.

Écoutons ses observations claires et surtout simples, qui ont l'avantage de résumer ce que tant d'autres ont dit, écrit et projeté avant lui.

> La société allemande n'est plus contestée par une minorité [...] Elle vit avec, lovée en son sein, une contre-société. Celle-ci a ses valeurs : la nature, l'écologie, la paix. [...] Elle a sa culture : un étrange melting-pot d'anarchie, de gauchisme, de mythes de la nature, de réflexes pacifistes. [...] Ainsi de l'écologie, qui dépasse de loin le fonds de commerce des seuls verts et des alternatifs. Résurgence du vieux culte germanique de la nature, sous-produit d'une société industrielle confinée sur un espace réduit, substitut idéologique pour un pays sans idéologie. [...] À travers la défense de l'environnement, c'est le modèle de société lui-même qui est en jeu. [...] Le cheminement est clair, qui va de l'écologie au refus du nucléaire et de celui-ci au pacifisme. [...] Un zeste d'évangélisme, un doigt d'écologie, quelques principes luthériens : les ingrédients sont là, qui font du «plutôt rouge que mort» une morale collective. [...] L'amour de la nature mène à la haine du nucléaire, celle-ci au pacifisme et celui-là au découplage. Voilà comment une société civile démocratique devient par sa vitalité

1. Paris, Grasset, 1989.

même le meilleur allié de l'Union soviétique, le seul pays sans vraie société civile[2]!

Qui donc – toujours d'après Minc – s'étonne encore du « faible écho suscité en République fédérale par Tchernobyl » ? Écoutons son observation qui est renversante, au sens concret du mot.

Nul ne s'est étonné du faible écho suscité en République fédérale par Tchernobyl : le plus antinucléaire des pays européens s'est le moins ému de la première vraie catastrophe atomique ! Fallait-il une dose d'affection sans limites à l'égard des Ukrainiens et des Soviétiques ! [...] Cette soviétophilie n'est pas l'apanage d'une opinion publique jeune et gauchiste. Personne n'y échappe. [...] Jusqu'où ira l'Allemagne envoûtée[3] ?

Ou écoutons – pour en finir – une autre thèse chère à l'auteur et liée à la première constatation.

Tues au nom de la sacro-sainte complicité franco-allemande, ces divergences correspondent a de légitimes conflits d'intérêts et non à une inversion de philosophies, entre une France hier nationaliste et désormais communautaire, et une Allemagne auparavant militante européenne et maintenant désireuse de conduire à son tour une politique tous azimuts. [...] Mais ce n'est pas un hasard si l'avenir de la construction européenne se joue sur l'Allemagne, de même que la dérive du continent se fait autour de l'Allemagne. Il n'existe pas de question européenne ; il n'existe qu'une question allemande[4].

Il est temps de s'arrêter en cet endroit, pour ne pas faire trop d'honneur à un livre sur le « Drang [allemand] *nach Osten*[5] » et dont la méthode consiste à intenter un procès d'intention sans analyse, sans preuve, voire sur la base d'omissions ou de falsifications pures et simples dans l'intention de singulariser, voire de « germaniser », certains phénomènes

2. *Ibid.*, p. 34-36.
3. *Ibid.*, p. 53.
4. *Ibid.*, p. 174.
5. *Ibid.*, p. 51-54.

qui en fait concernent beaucoup de pays et de sociétés, non la seule Allemagne occidentale.

Une Allemagne occidentale, d'ailleurs, dont les avant-gardes politiques des années 1960 avaient été à l'écoute d'un certain discours gaullien qui les invitait à relativiser un occidentalisme jugé trop unilatéralement atlantiste, voire proaméricain ; à suivre le message d'une politique de détente, d'une politique de normalisation et de banalisation vers l'Europe de l'Est, voire l'Union soviétique ; et à partager finalement une vision européenne ayant pour but de « surmonter Yalta » et d'établir un règlement de paix embrassant ce continent de « l'Atlantique à l'Oural ».

Une Allemagne occidentale d'où d'ailleurs les marginaux et les jeunes d'après 68 s'étaient jadis rués en France pour y entendre – par exemple au plateau du Larzac – leurs premières leçons d'antimilitarisme et de protection de l'environnement ; pour y entendre – par exemple chez Lip à Besançon – leurs premiers cours d'utopie sociale ; pour y entendre – par exemple devant les centrales de Malville et de Plogoff ainsi que dans les programmes des partis de gauche – leurs premiers cours antinucléaires ; pour y écouter – par exemple dans les paroles d'un Denis de Rougemont, d'un Bertrand de Jouvenel ou d'un premier candidat « vert » a la présidentielle – en 1974 – leurs premières leçons écologistes.

Bref, pour y apprendre dans la culture d'une gauche française hégémonique des leçons de pratique, d'utopie et d'imagination politiques qui semblaient totalement étrangères à une société civile ouest-allemande dont, en France, on déplorait alors l'étroitesse politique, le social-démocratisme technocrate, le matérialisme social, l'obsession anticommuniste, l'industrialisme militarisé, le manque d'utopie et d'imagination... bref, le *devoir*-vivre allemand.

Une Allemagne occidentale, d'ailleurs, où les jeunes francophiles des années 1960 et 1970 avaient essayé de se réconcilier avec leur propre identité – historiquement brisée – grâce aux messages d'un humanisme pacifique et universel qu'ils avaient cru lire dans un certain trésor : la poésie et la chanson françaises rayonnant au-delà des frontières de l'Hexagone. Par exemple dans les paroles d'un Arthur Rimbaud (*Dormeur du Val*), d'un Jacques Prévert (*Chanson dans le sang, Discours sur la paix* ou *Sur le champ*), d'un Saint-Exupéry (*Le Petit Prince*), d'un Eugène Bizeau ou d'une Barbara (*Göttingen*). Et ne parlons pas d'un Boris Vian dont le *Déserteur* a été la fierté de tant de grands interprètes.

Toute une génération de jeunes Allemands qui cherchait – à tort ou à raison – en France et à travers la France, celle des années 1960 et 1970, un moyen de penser mieux et d'aimer plus la vie.

II

Était-ce donc un simple « vertige allemand » qui avait saisi depuis la fin des années 1970 les jeunes Allemands et même les moins jeunes ? À quelle « force de vertige » donc devons-nous cette « peur allemande » de la « mort » dans la nature et dans la société internationale ?

Arrêtons tout d'abord un propos simpliste, anhistorique et médiatique qui a nourri et continue de nourrir certains préjugés et stéréotypes nationaux trop souvent chers aux besoins d'identité. Sortons des schématismes nationaux là où les problèmes, questions et défis sont relatifs à une menace globale et planétaire.

La France politique et médiatique, celle des années 1990, a aussi fini par se retrouver devant cette vérité de La Palisse. Environ 8 % de ses électeurs – toutes différences gardées – viennent de démontrer que les nuages de Tchernobyl ne s'arrêtaient pas au Rhin. Eh oui ! Monsieur Minc, il y a deux ans encore, on se moquait à Paris parce que nous étions préoccupés par Tchernobyl.

Depuis des années, nombre d'analyses et de sondages faisaient pressentir que le souci de l'environnement, une certaine méfiance envers un progrès incontrôlé et la peur d'une destruction globale n'étaient guère une obsession d'outre-Rhin – ni danoise, ni suisse, ni néerlandaise, ni américaine, ni autrichienne, ni italienne, ni suédoise d'ailleurs – et que la population française ne faisait pas, ne faisait plus, cavalier seul en Europe.

Et nombreux étaient ceux en RFA qui furent – lors du succès des verts français et desdits « républicains » allemands (l'extrême-droite) – brutalement et doublement réveillés dans leur chauvinisme alternatif. Combien il a été facile et agréable de montrer d'un doigt « éclairé » – à partir d'une Allemagne apparemment doublement « propre » – une France apparemment volontairement polluée et à l'assaut du Front national…

Quoi qu'il en soit, ne commettons pas l'erreur de singulariser certains mouvements ou de confondre l'existence des « verts », des « écologistes » ou des « pacifistes » avec l'existence même des problèmes et des défis à la base de ces mouvements.

Regardons par exemple des pays entiers antinucléaires, voire a-nucléaires, tels la Suède, l'Italie, la Suisse, sans que ceux-ci n'aient de mouvement « vert » – contrairement à cette RFA qu'Alain Minc appelle le pays « le plus antinucléaire des pays européens » et qui, parsemé de centrales nucléaires – les plus sûres paraît-il, à qui la faute ? – dispose pourtant d'une des industries nucléaires les plus fortes en Europe – après la France. Et regardons de près un mouvement comme celui de « SOS Loire vivante », dont les dimensions sont loin de se réduire à des « écolos » purs et simples. Ne parlons pas de Monsieur Lévy, PDG de Renault, qui a demandé des voitures proprement « vertes » !

Observons dans nombre de pays hautement industrialisés ce fléau d'industries nouvelles spécialisées dans les techniques d'environnement. L'industrie des «techniques d'environnement» n'est-elle pas devenue un marché de plusieurs milliards? Dans la seule RFA, on compte plus de 4000 entreprises spécialisées dans les techniques de protection de l'environnement; leur chiffre d'affaires représentait en 1986 plus de 30 milliards de Mark. Le marché du capital lui-même a découvert le créneau des «investissements alternatifs et éthiques». Ne parlons pas des projets bancaires et financiers proprement «verts» ou «écologistes», mais plutôt d'un nouveau courant plus important sur le marché financier international – commencé aux États-Unis et en Grande-Bretagne – créant des «fonds d'investissement alternatifs» sur la base de certains principes éthiques (Stewardship Unit, NM Conscience, Abbey Ethical, Merlin Ecology, Bank für Sozialwirtschaft, Secura-Rent «R» et «K», etc.).

Il en est de même pour les «pacifistes». Faut-il forcément être «pacifiste» pour avoir une opinion quasi «pacifiste»? Et ces mêmes Allemands qui sont pour l'intégration militaire dans l'OTAN, à plus de 70% d'ailleurs, seraient-ils «pacifistes» pour être en même temps en faveur du désarmement et de la détente – conformément au «rapport Harmel» de l'OTAN? Comme d'ailleurs la grande majorité des Français, si les sondages ne nous trompent pas.

Prenons – pour être volontairement un peu caricatural – le cas de la France. Dans la réalité, a-t-elle jamais été, à quelque moment, moins «pacifiste» et même moins «dériviste» que la RFA? Cette France dont la classe politique avait refusé dès 1959 l'installation des fusées nucléaires américaines sur son sol; cette France qui lançait le mot d'ordre d'une «Europe de l'Atlantique à l'Oural» et dont le gouvernement avait quitté l'intégration militaire de l'OTAN dès 1966 par méfiance envers les États-Unis, l'OTAN et la complicité des supergrands et par souci de son indépendance nationale, autre incantation politique; cette France dont la doctrine militaire est depuis 1966 une des plus « pacifiques » – celle de la non-guerre et in *extremis* du suicide national – et dont le caractère potentiellement neutraliste est incontesté ; cette France dont la société civile et le paysage sont beaucoup moins militarisés que la RFA et qui – de toute façon – se trouve en deuxième ligne de défense. Cette France, à l'écart, avait-t-elle besoin d'un « mouvement de paix » pour exprimer son souci de la paix et de la survie de l'intégrité du sanctuaire national ?

III

Pour faire une parenthèse, j'aimerais ici rappeler les tilleuls plantés en France le 21 mars 1989.

Je ne parle pas de ce seul tilleul planté par Antoine Waechter au beau milieu du terrain occupé par « SOS Loire vivante ». Je parle des 20 000 arbres plantés par les maires de France. Ces tilleuls n'étaient-ils pas plus que des arbres de la liberté dans la tradition révolutionnaire, car proposés en même temps comme un signe de conscience nouvelle de l'environnement et de la « paix » avec la nature ? Est-ce une contradiction ? N'est-ce pas renouer aussi avec une autre tradition révolutionnaire, celle qui a voulu retrouver la nature ?

Rappelons-nous le projet du « temple de la nature » conçu par l'architecte Molinos en 1794 pour le Musée d'histoire naturelle. Un temple qui devait contenir toutes les richesses de la nature et devait exprimer l'idée d'une harmonie universelle de l'ordre naturel omniprésent dans l'histoire. Le débat sur ce « temple de la nature » et sur le Musée d'histoire naturelle révélait, d'une façon exemplaire pour toute une nouvelle conception de la science et de la nature, trois buts clés de ce mouvement d'idées : le développement des sciences sous l'aspect de leur utilité et application pratiques pour améliorer les conditions de vie générale dans la République ; les études objectives et scientifiques de la nature ; la « libération » de la nature (celle des plantes et des animaux).

Objectivité scientifique et libération de la nature étaient donc deux buts liés entre eux. La tâche future de l'humanité serait de réunir et de réconcilier sa propre histoire avec celle de la nature pour y retrouver l'harmonie de l'ordre suprême. L'aurore de la liberté et de la raison annoncerait un ordre dans lequel l'homme et la nature auraient retrouvé une nouvelle harmonie. Harmonie selon laquelle a été établi le calendrier révolutionnaire dont les cycles étaient celui des décades et celui de l'agriculture...

Dès 1790, les municipalités naissantes se lancèrent dans la plantation d'arbres dont la symbolique est explicitée par les écrits de l'abbé Grégoire, cet homme qui proposait de faire de la France entière un jardin et dont le transfert des cendres au Panthéon fut d'ailleurs proposé par François Mitterrand dans les années 1980. Les propos de l'abbé Grégoire ont été de nouveau exposés dans *Le Monde* lors de la plantation des arbres dans 20 000 communes : « La nature vivante et protectrice, qui se fortifie et répand ses bienfaits, doit être l'image de la liberté qui agrandit son domaine et mûrit les destinées de la France pour la placer au premier rang sur la scène de l'univers. » Et si donc un « Minc allemand » prenait plaisir à vouloir discréditer le souci d'environnement en France en parlant d'une – admettons – « résurgence du vieux culte révolutionnaire de la nature, sous-produit d'une société à la recherche de son identité perdue » par exemple, serait-ce un argument convaincant contre ce souci d'environnement au seuil du XXe siècle ? Et la raison du XXe siècle peut-elle se permettre de se passer complètement de la mémoire collective de son environnement spécifique ? Combattre l'utilitarisme avec les armes seules de l'utilité ?

Les tilleuls de la liberté et de la nature plantés dans cette France qui fêtait alors le bicentenaire de sa Révolution, le cri d'alarme d'un Pierre Loti pour secourir «nos vieux chênes de France» contre «la barbarie industrielle», ou l'«hymne aux arbres» de son contemporain symboliste Adolphe Retté («Louons les arbres d'être beaux et de bruire...»), ne témoignent-ils pas, à leur manière, de la spécificité nationale d'une mémoire collective? Mais, en même temps, une telle préoccupation aux couleurs nationales se réfère à des soucis et défis qui sont loin d'être un patrimoine national. Ce qui est vrai pour la France devrait-il l'être moins pour la RFA?

IV

S'il y a un thème qui se prête à une référence commune, à un consensus transnational et global, n'est-ce pas aujourd'hui celui de la «paix»? La paix aux hommes et – parlant de l'environnement – la paix à la nature; ni mort par la guerre, ni mort par l'empoisonnement ou l'asphyxie. La guerre en Europe – et à l'âge nucléaire ce mot ne se traduit-il pas par la destruction générale tout court? – serait globale et sans frontières; ses destructions seraient globales et sans limites, dans l'espace et dans le temps. La destruction de la nature a de plus en plus de conséquences globales, voire planétaires.

À partir de cette expérience il n'y a qu'une conclusion: une paix sans frontières – un environnement sans frontières! Ce double danger de destruction sans sanctuaires protégés ne met pas seulement la France et l'Allemagne devant une responsabilité commune, mais l'Europe tout entière.

Ceci est vrai pour l'Europe de l'Ouest qui a déjà commencé à vivre, à consommer, à respirer, à s'organiser et aussi à détruire. Ceci n'est pas moins vrai pour l'Europe de l'Est qui reste également le symbole de la destruction de l'environnement. À ceci près que d'un côté ce sont la prospérité et le profit qui détruisent l'environnement, et de l'autre la pénurie et la désorganisation qui en ont fait une victime.

Ceci est vrai pour l'ensemble du continent qui a été coupé artificiellement en deux pour dresser les deux parties l'une contre l'autre, comme deux frères ennemis. Quand nous parlions de politique de sécurité en Europe, dans l'ensemble de l'Europe, nous étions habitués à parler de paix et de guerre, de non-guerre ou de détente, de stabilité conventionnelle, d'*arms control*, de vérification, etc. C'était surtout une vision de sécurité dont la référence était d'abord de nature militaire et politique. Ceci n'est pas une critique. Au contraire.

Mais pensons au processus de la Conférence sur la sécurité et la coopération en Europe (CSCE) depuis Helsinki, un des plus heureux développements depuis la guerre sur ce continent déchiré et une entreprise de premier secours commune – n'était-ce pas dans le sens du général de Gaulle qui conseillait : « Si l'on ne veut pas faire la guerre, il faut conclure tôt ou tard la paix » ? Son *credo* « détente – entente – coopération » n'a-t-il pas fini par y trouver une première réalisation collective et, sans solliciter sa pensée complexe, n'aurait-il pas été le premier à saluer cette entreprise de rassemblement des Européens de « l'Atlantique à l'Oural » ?

Le point de départ intentionnel de ce processus était la sécurité militaire et politique. Mais il est allé bien au-delà. Les autres « corbeilles » – coopérations économique, scientifique et technique et coopération dans le domaine humanitaire – font la démonstration d'une compréhension plus complexe de ce qui est ou pourrait être « sécurité » voire « paix », donc beaucoup plus qu'un état de « non-guerre ».

La prise de conscience de la menace sur la paix extérieure par les armes a été reliée à la prise de conscience de la menace sur la paix intérieure au sein même des sociétés civiles. La paix est plus que la non-guerre. La paix est un devenir dont les buts sont la liberté de l'homme, le respect de sa dignité, la reconnaissance et la réalisation des droits de l'homme, l'absence de faim et l'absence de peur.

Mais la Conférence sur la sécurité et la coopération en Europe avait compris également que la coopération dans la protection de l'environnement fait partie elle aussi de ce concept de sécurité globale. La destruction de l'environnement, une fois déchaînée, ignore les clôtures, celles des États, celles des blocs, celles des idéologies. La civilisation européenne tout entière est menacée par ce Prométhée déchaîné. La civilisation européenne tout entière est appelée à réagir.

Voilà pourquoi la Conférence sur la sécurité et la coopération en Europe s'est inspirée de la Commission économique des Nations Unies pour l'Europe (ECE) et a inséré dès le début dans la « corbeille » la coopération dans le domaine de la protection de l'environnement. Le chemin parcouru depuis 1975, date du premier document final, s'est ouvert de plus en plus non seulement sur les droits de l'homme mais aussi sur la protection de l'environnement. En témoigne le document final de Vienne de janvier 1989, avec la décision d'organiser en 1989 une conférence sur les droits de l'homme à Paris et une conférence sur la protection de l'environnement à Sofia. Voici un exemple de cette communauté européenne de valeurs au-delà des divisions politiques, au-delà de la Communauté de Bruxelles et du Marché Unique, au-delà de la séparation artificielle du continent.

De toute façon, il est grand temps que cette Europe tout entière sache que l'« économie », ne parlons pas de l'*homo œconomicus*, ne peut pas vivre à long terme sans la « nature ». Et que cette Europe tout entière, qui fut jadis le berceau de la civilisation industrielle mais qui enchaîna également le monde entier dans la logique industrielle, comprenne sa responsabilité particulière envers l'univers qui s'étend autour de son petit pré carré.

V

Ceci ayant été dit sur les défis et les responsabilités globaux, je me demande néanmoins s'il n'y a pas une responsabilité nationale particulière.

Si j'ai insisté au début de mes observations sur la « banalisation » de ces préoccupations, c'est-à-dire le refus de leur « germanisation », je l'ai fait pour éviter la résurgence de faux mythes et autres stéréotypes nationaux. Je ne veux certainement pas dire par là que la culture, l'histoire et la mentalité d'un peuple particulier, certains modes de perceptions et d'expression de discours nationaux n'y jouent aucun rôle. Au contraire, et je suis loin de vouloir escamoter cette réalité *intra muros* en faveur d'un mondialisme transnational. Seulement, ne faisons ni de l'un ni de l'autre un lit de Procuste.

Je ne veux pas juger ici les responsabilités des autres, mais en ce qui concerne la situation allemande, je veux croire, vivant sur le territoire allemand ou étant allemand, qu'il existe ou devrait exister en face des deux sujets « paix » et « environnement » une responsabilité allemande particulière.

C'est évident pour la « paix ». Mettons-nous en face d'un pays :

– dont le territoire et la politique ont été dans ce siècle deux fois le point de départ d'une guerre mondiale et le théâtre du plus grand crime contre l'humanité dans l'histoire ;

– dont la mémoire collective est marquée par les traces d'une guerre totale sur son propre territoire et contre la population civile ; dont la culture politique a été dans le passé, d'une façon néfaste, militariste et antidémocratique voire expressément « anti-occidentale » ;

– dont la société civile a subi, après la guerre, de longues leçons de « rééducation » antimilitariste et de badigeonnage démocratique mais dont le ciment idéologique resta, pendant un large temps un « antibolchévisme », qui était d'ailleurs beaucoup plus un héritage fasciste qu'un jugement critique basé sur l'intériorisation des valeurs de démocratie occidentale ;

– dont les jeunes générations successives ont finalement compris, dans leur quasi majorité, les leçons de ce passé, moins par une « rééducation » superficielle que par une intégration croissante dans le système des valeurs dit occidental, dans une entité sociétale du type européo-occidentale ; grâce aussi à une rupture avec un goût fatal de l'autorité et à une démocratisation effective dans la pensée et les mœurs politiques ;

– dont le territoire occidental est la première ligne de défense, et serait anéanti à jamais à la moindre escalade militaire, même si celle-ci reste limitée dans le cadre d'une stratégie qui se veut « riposte graduée » – nous l'avons bien vu à l'occasion du scénario de l'OTAN, « Wintex 89 » ;

– dont la société civile et la culture politique ont accepté une des plus importantes charges militaires au sein de l'OTAN et une militarisation de l'espace et de la vie quotidienne comme rarement dans son histoire (mis à part évidemment le temps des deux guerres mondiales), cela non pas comme un but en soi, mais dans le seul souci de préserver la paix et de faire vivre un État dont la raison d'être serait sa transition. En pleine période de paix – mieux, en pleine période d'armistice – se trouvent sur son territoire six armées étrangères et 4000 armes nucléaires étrangères dont les deux tiers ont une portée ne pouvant atteindre que le seul territoire ouest-allemand. (Un million de soldats dans la seule RFA, ne sont-ils pas plus nombreux qu'en 1914 ou qu'en 1939 mais cette fois sur le tiers du territoire de l'ancien Reich ? Dans la seule RFA la concentration d'armes n'est-t-elle pas plus dense que dans le Reich allemand au moment de l'invasion de l'Union Soviétique en 1941 ?)

Je rappelle ces données sans *mea culpa* pleurnichard et sans nombrilisme national. Seulement, en tant qu'Allemand vivant sur le sol allemand, il n'est guère possible de faire abstraction de cet héritage historique et de cet environnement particulier. Peu importent les réponses politiques et stratégiques qui en résultent et que chacun est libre de donner aux défis stratégiques ; il nous faut assumer cet héritage et cet environnement.

Se méfier des Allemands quand ils se questionnent *démocratiquement* sur leur sort, ne serait-ce pas à la rigueur malhonnête envers soi-même après tant d'efforts de « rééducation » et de « démocratisation » ? L`Europe dans son ensemble et cette Allemagne elle-même, qui est et qui se veut occidentale, devraient se féliciter de vivre avec une société civile ouest-allemande qui a pris ses distances envers des traditions et des réflexes militaires et totalitaires, qui voyaient par exemple dans le civisme une expression méprisable de la dite « *Verwestlichung* » et « décadence occidentale », une société civile ouest-allemande qui a fini par apprendre et par accepter qu'un consensus national n'exclut pas le dialogue conflictuel.

Pour ce qui est de l'environnement, nous voilà là aussi confrontés à certaines responsabilités particulières. Je ne parle ni du « fondamentalisme écologiste », *credo* de l'anti-progrès, ni de l'« affairisme éco-économique », *credo* du profit « soft ».

Mais tenons compte de certains faits.

La RFA est un des pays les plus riches du monde et elle se trouve au premier rang des pays exportateurs. Elle a une des industries les plus prospères sur un territoire qui fait la moitié de la France et avec une population supérieure de dix millions à celle de la France. C'est un territoire largement urbanisé et bétonné tous azimuts. Cette fameuse « forêt allemande » n'est-elle d'ailleurs pas que le fruit artificiel d'une industrialisation forcée et systématique ? Elle est cernée par d'autres pays industrialisés. Pas plus que ses voisins elle n'est à l'abri des déchets et de la pollution, qu'ils soient « *home-made* » ou non.

La RFA est donc un pays qui fut confronté très tôt aux problèmes résultant d'un traitement irresponsable de la nature, d'une destruction sans mesure de l'environnement, bref d'une large ignorance de l'interdépendance complexe entre l'économie et l'écologie, en tout cas plus tôt que la France dont l'immense « jardin hexagonal » quasiment encore intact ne l'a pourtant pas empêché d'instaurer au début des années 1970 le premier secrétariat d'État à l'environnement en Europe.

Venons en à un aspect plutôt éthique.

La RFA est aussi un pays dont la civilisation industrielle ne peut pas se permettre de réduire sa mémoire collective aux seuls exploits de son progrès technique. Cela n'a rien à voir avec une quelconque « *Fortschrittsfeindlichkeit* ». Mais l'industrialisation de la mort et du crime aux dimensions du génocide ancrée dans cette mémoire reste une expérience pénible dont la charge morale n'est pas moindre pour un Allemand né après ou depuis la guerre.

Si le secret de la libération de l'homme est sa mémoire, nous sommes appelés à garder cette mémoire intégralement. L'expérience de la destruction et de la responsabilité dans la destruction, l'expérience d'être responsable et victime à la fois sont valables pour la menace envers la paix entre les hommes ainsi que pour les dangers courus par l'univers, dont font partie les hommes.

Être un Allemand libre aujourd'hui, c'est garder une mémoire intacte, assumer une patrie difficile et aller au-delà, dans le sens de Gustav Heinemann, résistant évangélique, social-démocrate et troisième président de la RFA, qui disait : « Il y a des patries difficiles, par exemple l'Allemagne. Mais c'est notre patrie. C'est ici que nous vivons, ici que nous travaillons. Nous voulons donc apporter notre contribution à cette humanité unique, avec ce pays et par ce pays qui est le nôtre. »

Cette responsabilité allemande n'inclut d'ailleurs pas moins la solution du « problème allemand » – car comment parler de « paix » en Europe sans aborder à long terme une situation qui, plus d'un demi-siècle après la guerre, était restée un état d'armistice et continuait à vivre dans les formes juridiques et politiques issues directement de la défaite ?

Ne parlons pas ici de la responsabilité des autres, des « puissances victorieuses » dont les trois alliés occidentaux se réservent toujours « les droits et les responsabilités antérieurement exercés ou détenus par elles en ce qui concerne Berlin et l'Allemagne dans son ensemble, y compris la réunification de l'Allemagne et un règlement de paix[6] ». Ne parlons pas non plus de la responsabilité constitutionnelle de la RFA qui l'oblige à ne pas perdre de vue l'unité allemande dans la liberté.

Parlons plutôt de cette responsabilité allemande de concilier les besoins pour une paix en Allemagne avec les nécessités de la paix en Europe, d'harmoniser l'intégration ouest-européenne dont la RFA est une pierre angulaire, avec son besoin de résoudre la « chose allemande », et d'harmoniser ce besoin avec l'équilibre et la confiance politique dans l'ensemble de l'Europe.

Le chemin qui a permis de réconcilier les Français et les Allemands de l'Ouest ne pourrait-il pas avoir un prolongement vers les hommes et les peuples vivant au-delà de l'Elbe ?

Les Allemands, qui gardent la mémoire dans son intégralité, devront assumer cette responsabilité multilatérale ; ils font confiance à une Europe occidentale unifiée qui chercherait à rassembler l'Europe entière dans un futur règlement de paix et, ce faisant, à résoudre aussi ce problème allemand au-delà des voies nationales révolues. Mais ils n'auraient pas confiance dans une politique dont le paradoxe consisterait à « surmonter Yalta » et à « rapprocher les deux Europe » tout en maintenant une situation interallemande dont même certains de nos amis préféraient surtout le *statu quo* ! En vertu de la

---

6. Convention entre la France, les États-Unis et la Grande-Bretagne avec la RFA, en 1954.

pensée de François Mauriac : « J'aime tant l'Allemagne que je me réjouis qu'il y en ait deux. »

Ici même, la responsabilité allemande n'était-elle pas inséparablement liée à celle de ses voisins vis-à-vis de leurs propres visions politiques ?

Évoquer les termes « paix » et « environnement » en tant qu'« incantations » n' a-t-il pas un côté « magique » ? Pourquoi pas. La magie incantatoire ne fait-elle pas appel à une dimension de rapports entre homme et nature, entre homme et univers, que nulle raison et nulle rationalité ne sauraient expliquer pleinement ? Un rapport qui seul protège l'homme contre son *alter ego*, contre la tentation de croire que la terre n'appartient qu'à ceux qui l'occupent et l'exploitent en ce moment donné ?

Le continent européen a, pour l'essentiel, inventé la civilisation industrielle avec son énorme capacité de produire, de créer et de détruire. Ce même continent, tout entier, a également donné naissance à une culture, une communauté de valeurs culturelles et spirituelles qui seule serait censée gérer cette civilisation afin de ne pas la réduire à un simple mode de production et de destruction.

Ne serait-ce pas là le véritable défi de ces deux grandes incantations qui ont pour nom « paix » et « environnement » ?

4

Le défi des nouvelles frontières

« Qu'est-ce qu'un Allemand ? » Cette question de Nietzsche sans cesse posée sous des formes diverses, par exemple par Daniel Vernet, qui en 1992 la condamnait lui aussi à rester sans réponse [1], a fini par devenir un miroir tendu aux autres. Et nous savons qu'à la question « Qu'est-ce qu'un Européen ? », la réponse elle aussi manque d'évidence. L'Europe tout entière se retrouve aujourd'hui dans une situation singulière : les anciennes frontières s'étant effondrées, de nouvelles frontières surgissent.

Tout en fermant l'une des parenthèses les plus douloureuses de son histoire récente, le continent retrouvé se met à la recherche de ses contours intérieurs et extérieurs, recherche qui se révèle plus controversée et douloureuse que prévue. Cela n'épargne pas l'Allemagne. La réalisation de l'utopie d'une Allemagne libre, démocratique, fédérale et européenne a engendré toute une série de contradictions. Il suffit d'en

Ce texte est paru dans la revue *Allemagne d'aujourd'hui*, n° 120, avril-juin 1992, p. 34-40. Il a été écrit en collaboration avec Valérie Guérin-Sendelbach.

1. Daniel Vernet, *La renaissance allemande*, Paris, Flammarion, 1992, p. 212.

citer quelques-unes, chacune étant le reflet d'une préoccupation majeure.

L'unification allemande et l'effondrement de ce qu'on
appelle « l'ordre » d'après-guerre ont placé l'Allemagne et ses
partenaires dans une situation paradoxale. D'une part, les
responsabilités de l'Allemagne en tant que membre de la
communauté européenne et internationale se sont élargies
objectivement en raison de sa souveraineté retrouvée, de
même que s'est accrue l'attente de ses partenaires, fondée sur
sa réunification. Ces derniers, à l'Ouest comme à l'Est, au
Nord comme au Sud, sont en droit d'attendre, eu égard au
poids économique et politique de la RFA-bis, davantage qu'un
engagement verbal, symbolique ou qu'un soutien purement
financier. La crise du Golfe avait montré une première fois
que la « diplomatie du carnet de chèques » ne répond plus à
l'attente des alliés de l'Allemagne. D'autre part, l'Allemagne,
comme ses partenaires, n'a qu'une conscience diffuse de ce
que cette nouvelle situation implique sur le plan international. Où, comment et jusqu'à quel point l'Allemagne doit-elle
s'engager ?

II

Depuis la Réunification, la politique allemande semble lou-
voyer entre un réel souci d'agir et une passivité latente. La
guerre du Golfe a assez bien témoigné de sa difficulté à réagir, bien qu'il faille tenir compte du fait que le gouvernement
allemand était alors handicapé par la procédure de ratification des traités sur l'unification, formellement close en mars
1991[2] seulement. Quelques années plus tard, la crise yougo-

---

2. C'est seulement après le dépôt le 15 mars 1991 des documents portant
ratification du traité « 2+4 » par l'union soviétique, la dernière des quatre
puissances à l'avoir ratifié, que celui-ci est entré officiellement en vigueur. Il
était alors mis fin aux limitations apportées après 1945 à la souveraineté alle-

slave illustra quant à elle le dilemme entre action et réaction ainsi que l'interrogation des autres États face à une Allemagne agissante. Ses tergiversations lui furent reprochées. Après avoir soutenu l'intégrité territoriale yougoslave jusqu'en juillet 1991, Bonn s'est fait l'avocat des Slovènes et des Croates dès le mois d'août, puis a fait volte-face, grâce à l'impulsion de la France, pour contribuer à définir une position communautaire et enfin reconnaître unilatéralement les seules Républiques slovène et croate en décembre 1991. Sur le sol ex-yougoslave, les casques bleus furent présents dès 1989 pour éviter le pire, parmi eux se trouvaient entre autres des soldats français et kenyans, mais aucun soldat allemand. Difficile parcours d'un pays à la recherche de sa « normalité ».

Quelle normalité ? L'Allemagne retrouve certes le statut d'un État « normal », mais normal dans la mesure où elle essaie comme chaque État de pratiquer une politique tenant compte de ses intérêts propres et de ses conditions spécifiques. Cela n'implique pas forcement pour elle « d'envoyer » des soldats là où le monde est en crise, comme peuvent le faire ses partenaires ; l'impact de l'histoire et la continuité de la mémoire collective font en sorte qu'une telle action militaire dépend, dans son cas, d'un consensus à la fois intérieur et extérieur, c'est-à-dire du consentement des Allemands eux-mêmes et de leurs voisins au sens le plus large. Par conséquent, c'est moins un problème « constitutionnel » qu'un problème de culture politique et d'acceptance[3].

Quoi que fasse l'Allemagne unifiée, elle est jugée et elle-même doit se juger en regard de son histoire, qui inclut aussi

mande. Sur le contexte international, voir Karl Kaiser, *Deutschlands Vereinigung. Die internationalen Aspekte. Mit den wichtigen Dokumenten*, bearbeitet von Klaus Becher, Bastei-Lübbe, Bergisch Gladbach, 1991.

3. Voir Karl Kaiser et Klaus Becher, *Deutschland und der Irak-Konflikt. Internationale Sicherheitsverantwortung Deutschlands und Europas nach der deutschen Vereinigung*. Arbeitspapiere zur Internationalen Politik, vol. 68, Bonn, 1992, p. 96 et sv.

celle d'après 1949! Elle doit donc se garder d'être frappée d'amnésie historique, pour ne pas céder au vertige de la puissance. Pour ce faire, il convient d'éviter les entrechats gênants dans la politique du fait accompli et un néfaste sans-gêne diplomatique fondé sur une surestimation de sa propre puissance. Une telle politique ne ferait qu'éveiller les soupçons de ses voisins et nuirait à sa crédibilité.

III

Étant donnée la rapidité des bouleversements récents, il n'est pas étonnant que l'Allemagne ait certaines difficultés à maîtriser sa puissance fraîchement acquise. Sa politique de reconnaissance de la Slovénie et de la Croatie, les spéculations autour d'un siège permanent au Conseil de sécurité des Nations unies ou bien encore sa demande pour que l'allemand devienne la troisième langue de travail à la Commission européenne, sont perçues à l'étranger et en particulier en France[4], comme l'expression d'une nouvelle volonté de puissance, alors qu'elles seraient en d'autres circonstances – pour le moins en ce qui concerne la dernière de ces revendications – considérées comme légitimes. Alors que dans le débat politique intérieur en Allemagne, tout laisse à penser que ni le monde politique ni l'intelligentsia ne sont à la hauteur de ces nouveaux défis. Un véritable débat sur la politique étrangère et de sécurité tenant compte des évolutions récentes et du rôle de l'Allemagne n'a pas encore eu lieu. En 1992, le SPD restait encore pudiquement cloué sur ses positions passées ; quant aux conservateurs chrétiens, ils semblaient disposés à suivre la politique des alliés de l'Allemagne et à engranger les effets bénéfiques sans avoir à en supporter les inconvénients.

4. Voir entre autres Michel Colomès, « L'Europe sera-t-elle allemande ? », *Le Point*, 22 février 1992, p. 19.

Le travail de conception du côté politique semblait se réduire au *one-man-show* du ministre des Affaires étrangères, H.D. Genscher, le maître à penser en la matière. Depuis la démission de ce dernier le 17 mai 1992, ce fût la tâche de son successeur, Klaus Kinkel, puis Joschka Fischer, le premier Vert à remplir cette tâche. Quant aux intellectuels, leurs différentes attitudes témoignent plutôt d'un abstentionnisme trompeur, comme si l'Allemagne était devenue une sorte de Suisse. Ni le dessein de l'unification allemande, ni celui de la construction européenne, ni les problèmes de l'immigration ou de l'asile politique, ni les nouvelles frontières qui s'avancent dans l'Europe de l'Est et du Sud, ne les poussent à un sursaut vital collectif.

IV

L'internationalisme militant de toute une génération s'est-il transformé en un nouveau « provincialisme », mot cher à Karl Heinz Bohrer, directeur du *Merkur*, seule revue allemande/européenne ayant survécu, parmi les multiples revues de l'esprit nouveau d'après-guerre. Wolf Biermann, jadis déjà condamné – avec Robert Havemann – à se singulariser au sein de l'intelligentsia allemande (à l'Est comme à l'Ouest) par sa résistance antistalinienne, semble une nouvelle fois devoir porter seul le fardeau d'un engagement impopulaire. Le nouveau « provincialisme » aux habits cosmopolites des dirigeants politiques et des avant-gardes culturelles en Allemagne peut difficilement constituer un remède efficace pour empêcher les Allemands de bouder l'Europe[5].

Aussi la nouvelle Allemagne présente-t-elle des images contradictoires. Les voix xénophobes contribuent à renforcer

5. Voir Werner Eggert, « Volk der Euro-Muffel », *Deutsches Allgemeines Sonntagsblatt*, n° 13, 27 mars 1992, p. 1.

un nouveau discours sur l'Allemagne[6]. Ainsi, l'Allemagne aurait – à un moment donné – modifié en un tournemain son discours européen. Autant celle-ci était favorable à l'intégration européenne qui en 1989-1990 devait encadrer son processus d'unification, autant elle semblerait, après le sommet de Maastricht, remettre en cause la réalisation de l'union monétaire parce qu'elle fera disparaître le deutschemark. En effet, en Allemagne, on met volontiers l'accent, depuis la Réunification, sur le coût de l'intégration, et on rappelle quelle est sa participation financière au budget européen, faute de pouvoir faire comprendre, d'une manière beaucoup plus énergique et convaincante, la nécessité d'une Europe unie. La situation a depuis évolué, mais le désenchantement européen n'a pas épargné les autres populations d'Europe.

Le revers de la médaille n'est point un patriotisme introverti prêt à consentir aux sacrifices nécessaires à l'unification, patriotisme qui exigerait des Allemands une solidarité partagée. Bien au contraire, on relève à l'Ouest les craintes de ceux qui ne veulent renoncer en rien à leur bien-être acquis et à l'Est l'envie de ceux qui s'estiment lésés. Face au décalage matériel entre l'ancienne RFA et l'ancienne RDA, les hédonistes de l'Ouest et les nationaux-allemands de l'Est finissent par se fondre à distance dans l'uniformité d'un petit égoisme. Pire encore, à l'Ouest, les néo-nationalistes ne savent même plus prêcher la générosité d'une nation tout entière et les anciens internationalistes ne savent même plus élargir leur tiers-mondisme au village voisin. Force est de constater qu'un tel provincialisme hybride fait tache d'huile en Europe. En faire une singularité allemande ou française ou italienne serait éluder la nature du problème. Néanmoins, en nier les spécificités nationales serait tout bonnement naïf.

6. Voir chapitre 4 de cet ouvrage.

5

Démons

Conjurer ce qui a été fait : mais à quelle fin ? Non pour que la haine perdure. Il s'agit seulement d'ériger un signe dans l'obéissance envers le Signe de l'Éternel, qui veut dire : « jusqu'ici et point plus loin ». Un signe de commémoration, écrit, sur quelle matière et pour qui ? Ah, c'est dans l'air qu'écrit celui que se souvient d'eux, d'eux dont la part de vie terrestre est passée, poussière et cendres dans la terre et dans le vent. On a oublié. Et il est nécessaire que l'oubli se passe, car comment pourrait vivre celui qui ne peut oublier ? Cependant quelquefois quelqu'un doit être là qui se souvient. Car ici il y a davantage que des cendres dans le vent. Une flamme est là. Le monde mourrait de froid si cette flamme là n'existait pas.

ALBERT GOES, *Le sacrifice sur le bûcher*

Parler de l'Allemagne, en parler en tant qu'Allemand, c'est non seulement pouvoir parler de Goethe, d'une Allemagne belle, intéressante et présentable, et, partant, du plaisir d'être Allemand. Comme on pouvait encore le faire, à l'automne 1989, quand des millions d'Allemands chantaient une ode à la joie nationale et que la rencontre des deux Allemagne

Ce chapitre reprend la première partie du texte d'une conférence donnée par l'auteur devant le « Cercle Goethe » de Québec et « Les programmes d'Allemand » de l'université Laval, Québec, le 3 décembre 1992, ainsi qu'à l'Institut Goethe d'Ottawa et au Département d'allemand de l'Université d'Ottawa, le 5 décembre 1992.

ressemblait à une orgie de plaisir. «La fête populaire devant le Mur. Des pieds qui pendaient et des policiers qui riaient. Nous l'avons vécue. L'histoire allemande peut aussi pour une fois bien se dérouler. Des pieds qui pendaient. Des policiers qui riaient. Des gens, qui ne s'étaient jamais vus, s'embrassaient.» Voici ce qu'écrivait Martin Walser à l'époque, en concluant sur une note de joie et d'espoir: «La politique doit maintenant correspondre à ce niveau.»

Mais parler de l'Allemagne ne signifie pas toujours parler de pieds qui pendent, de policiers qui rient et de gens qui s'embrassent. Cela signifie aussi se prononcer sur des noms tels que Hoyerswerda, Hünxe, Rostock-Lichtenhagen, Mölln, c'est-à-dire xénophobie, néonazisme, racisme, et aussi sur des êtres humains humiliés, tués et brûlés, des tombes profanées, des hommes violentés. Ce ne sont pas des forfaits atroces, ce sont des faits, des faits très conscients, qui sont déjà bien terribles quand ils se passent ailleurs. Mais quand ils se passent en Allemagne, ils réveillent le souvenir particulièrement cruel d'un fardeau allemand. Ce fardeau a pour nom *Auschwitz*.

Des personnes qui vivent à l'étranger, qu'ils soient allemands ou qu'ils aiment l'Allemagne, me demandaient lors de mon séjour à Montréal, alors que ces faits étaient à la une de l'actualité: «Est-ce vraiment si grave?» Ils espéraient peut-être que je leur fasse croire que non, que je leur dise qu'il ne s'agit que de quelques monstres méchants qui traînent dans la boue la bonne Allemagne. Et après tout, les autres ne sont-ils pas eux aussi...? Les autres ne font-ils pas eux aussi...?

Et ceux qui, à l'étranger, n'aiment pas trop l'Allemagne ou qui vivent avec leurs anciennes peurs, me demandent: En êtes-vous à nouveau là? L'horrible ventre de l'être allemand est-il à nouveau fertile?, celui dont une fois déjà était sorti l'abominable monstre grimaçant du fascisme? Et ils attendent peut-être de moi des données et appréciations qui corroboreront l'éternelle noirceur.

Que dois-je leur dire ? J'éprouve tout d'abord la même juste colère que Goethe : « Peuple maudit, à peine libéré tu te brises en toi-même – n'as-tu pas eu assez de détresse et assez de chance. Allemand ou Germain – tu ne t'assagiras donc jamais[1]. »

Et je leur dis que j'ai honte de cette engeance néonazie, qui, dans son aveuglement décérébré, pratique, couverte par la nuit, la chasse à l'homme, mais qui reste aussi couverte, en pleine lumière du jour, par de secrètes connivences. Ils dénoncent leurs ennemis : ce sont les gauchistes, les homosexuels, les demandeurs d'asile, les juifs, les étrangers, les handicapés, les tziganes. Il y a eu dix-sept morts en 1992 dans l'Allemagne unifiée, dont dix dans l'ancien Ouest et sept dans l'ancien Est, parmi lesquels dix Allemands et sept étrangers.

I

J'ai honte pour les gens qui ont assisté muets aux premiers excès perpétrés contre les foyers des demandeurs d'asile et qui – comme à Hoyerswerda – sont même allés jusqu'à applaudir, car les victimes n'étaient que des « demandeurs d'asile », des êtres humains donc, qui de toute façon n'avaient rien à faire là. Le goût d'applaudir leur est-il passé à cette claque ouverte ou clandestine ? Que les photos des cadavres d'enfants carbonisés de Mölln aient au moins eu cette signification ultime, superflue et désespérée !

Je critique nos institutions étatiques, qui ont assisté trop longtemps sans rien faire à ces agissements criminels et qui

---

1. « *Verfluchtes Volk ! Kaum bist du frei/ So brichst du dich in dir selbst entzwei/ War nicht der Not, des Glücks genug/ Deutsch oder Teutsch, du wirst nicht klug.* » Johann Wolfgang von Goethe : « An die T... und D... » (1814), dans J.W.v. Goethe, *Über die Deutschen* [Au sujet des Allemands], Francfort-sur-le-Main, Insel taschenbuch, n° 325, 1982, p. 38.

ont renoncé à appliquer la loi. La Constitution allemande interdit tout étalage de signes et symboles nazis. Et selon l'article 1 de la Loi fondamentale : « La dignité de l'homme est inviolable. Son respect et sa protection constituent une obligation pour tout pouvoir étatique. » Chaque skinhead vociférant *Heil Hitler* enfreint donc la loi et est un ennemi de la Constitution. Il y eut une époque où la police était moins douce vis-à-vis des manifestants. La puissance étatique s'est laissée enlever depuis peu le monopole de l'emploi de la force, qui est pourtant un principe juridique sacro-saint de l'État moderne.

Je critique les photographes de presse, qui courent après chaque skinhead criant *Heil Hitler* et le prennent en gros plan – et parfois le poussent à l'action – pour lui faire la publicité qu'il recherche, au lieu d'utiliser cette photo comme preuve pour susciter une dénonciation, au lieu de prendre les devants pour faire naître cette résistance, dont ils déplorent hypocritement l'absence dans la population.

Je critique les juges, qui paraissent borgnes de l'œil droit et qui dans leurs jugements manifestent plus de compréhension pour les assassins haineux que pour les victimes. Le cas de l'Angolais Amadeus, tué dans le Brandebourg, qui laisse derrière lui une amie allemande et un enfant, et dont le meurtre a été banalisé en « délit typique de jeunes », n'est pas un cas isolé. De tels jugements encouragent l'usage de la terreur !

Je suis déçu par un pays qui se plaint davantage de ses grands problèmes économiques et sociaux qu'il ne plaint la Somalie où les gens meurent de faim et où des bandits pillent et tuent. Qui se plaint, au lieu d'être conscient de l'énorme richesse et des énormes potentiels qu'il possède et au lieu de faire quelques sacrifices, qui en outre s'avéreraient intéressants à long terme. Comment se fait-il qu'un peuple qui était si disposé à faire de grands sacrifices pour des guerres insensées désespère si vite de cette nouvelle paix ?

Je prends mes distances vis-à-vis des hommes politiques

et des chefs d'entreprise qui se soucient uniquement de la xénophobie dans leur pays quand l'image de l'Allemagne à l'étranger, c'est-à-dire les chiffres des exportations allemandes, en pâtit.

Je suis attristé par l'attitude de beaucoup de gens de ma génération qui, pénétrés de grands idéaux, voulaient en 1968 rendre heureuse la moitié de l'humanité par un communisme de l'âge de pierre et qui, aujourd'hui, se retranchent derrière leur villa de professeurs ou d'avocats, tout en tenant des discours intelligents et irresponsables sur le droit universel d'asile. Selon la devise : laissons venir tous les enfants du Tiers monde, mais s'il vous plaît, pas dans les jardins alternatifs qui fleurissent devant nos portes.

Je suis irrité par les pédants ouest-allemands et les experts mal informés, qui sont si prompts à faire de la «banalité du mal», comme le dit Hannah Arendt, un problème purement est-allemand et ne veulent pas voir que la rupture-sortie hors de la communauté humaine de la société, la marginalisation de groupes entiers de jeunes constitue également un défi ouest-allemand et, en réalité, un défi qui concerne toute l'Allemagne. Ces moralistes qui reprochent aux Allemands de l'Est de refouler leur histoire et ne veulent pas voir avec quelle résistance et avec quelle tristesse, dans quelle solitude et dans quel abandon, ces derniers essayent d'oublier les tortures et les traumatismes moraux que les communistes leur ont infligés.

Je critique un système scolaire qui a rompu les ponts entre les générations, qui n'embauche plus de jeunes professeurs depuis quinze ans, si bien que les plus jeunes professeurs qui affrontent les écoliers sont des soixante-huitards grisonnants, de jeunes vieillards en jeans. Ce sont là des économies qui nous coûtent bien cher !

Je m'inquiète d'une évolution en Allemagne qui aboutit, selon un sondage, à ce que seulement 35 % des jeunes interrogés en Allemagne de l'Est associent l'effondrement de la

RDA à la victoire de la démocratie, alors qu'ils sont 54 % à le lier à l'insécurité quant à leur avenir professionnel, 51 % à des charges et à des peurs individuelles et 23 % à des conflits et des problèmes dans leur propre famille.

Je suis atterré quand mes meilleurs étudiants à Montréal modifient leur séjour en Allemagne, désiré depuis longtemps, et rayent certaines villes et régions de leurs projets. Ils ont peur parce qu'ils pensent ne pas avoir l'air « assez allemands ».

J'ai honte de ce qui est advenu de mon pays, ce pays qui à l'automne 1989 paraissait encore être le pays le plus heureux de la terre et qui, quelques années plus tard, rappelle les dures paroles de Hölderlin :

> Je ne puis imaginer aucun peuple qui soit plus déchiré que le peuple allemand. Tu vois des artisans, mais point d'êtres humains. Des penseurs, mais point d'êtres humains. Des poètes, mais point d'êtres humains. Des seigneurs et des valets, des jeunes et des gens expérimentés, mais point d'êtres humains – n'est-ce pas là un champ de bataille où des mains et des bras, et tous les membres, gisent entremêlés pendant que le sang répandu de leur vie s'écoule dans les sables[2] ?

II

Ce sentiment de honte, personne ne me l'enlèvera.

Et si un jeune réfugié de la guerre yougoslave est refoulé du Canada, menottes aux poings, parce que 360 réfugiés bosniaques c'est manifestement trop pour le Canada, alors ce n'est pas mon problème, mais celui des Canadiens. Mais, si ce réfugié refoulé se retrouve en Allemagne, à côté des 235 000 autres

---

2. « Ich kann kein Volk mir denken, das zerrissener wäre wie die Deutschen. Handwerker siehst du, aber keine Menschen, Denker, aber keine Menschen, Priester, aber keine Menschen, Herrn und Knechte, Jungen und gesetzte Leute, aber keine Menschen – ist das nicht ein Schlachtfeld, wo Hände und Arme und alle Glieder zerstückelt untereinander liegen, indessen das vergossene Lebensblut im Sande zerrinnt ? » Friedrich Hölderlin, *Hyperion oder Der Eremit in Griechenland*, Francfort-sur-le-Main, insel Taschenbuch, n° 365, 1979, p. 190.

réfugiés yougoslaves, et s'il devient la cible de la xénophobie dans cette même Allemagne, alors cela devient mon problème.

Car comme disait le poète : « Je ne parle pas de la honte des autres, mais de la mienne. »

Mais je parle aussi de ma fierté.

Je suis également fier d'un pays qui, à lui tout seul, accueille plus de 50 % de tous les réfugiés politiques en Europe – en chiffres, cela a atteint environ un demi million en 1992.

Je suis également fier d'un pays qui, malgré les problèmes évidents que posent les réfugiés, ne les ramène pas collectivement aux frontières, comme c'est le cas en Italie, en France, aux Pays-Bas et en Angleterre, mais qui au contraire respecte le droit d'asile et examine encore chaque cas particulier suivant la procédure légale exigée par l'État de droit.

Je suis également fier d'une démocratie qui ne jette pas à la corbeille le droit fondamental de la Constitution, simplement parce que la situation a rendu ce droit inconfortable et qu'il pourrait faire l'objet d'abus. Au lieu de cela, cette démocratie allemande se débat dans un processus politique douloureux en se demandant comment modifier le processus d'asile pour en limiter les abus, sans pour autant toucher au droit fondamental ?

Je suis également fier d'un Président de la République fédérale, qui a dit préférer être bombardé d'œufs plutôt que de supprimer le droit à la liberté d'opinion. Fier également d'un gouvernement régional qui préserve de la disparition le seul théâtre tzigane en Europe, peut-être la seule institution culturelle des Rom subventionnée par l'État.

Je suis fier des centaines de milliers d'Allemands qui descendent – enfin – dans la rue pour clamer que nous sommes tous des étrangers, qui condamnent leurs hommes politiques pour leur manque de détermination dans la lutte contre les néonazis et se battent aussi pour le droit fondamental d'asile.

Je suis également fier des milliers d'Allemands qui, loin des caméras de télévision et des reporters, envoient de la nourriture et des vêtements en Russie, en Roumanie ou en Croatie et hébergent des réfugiés de Bosnie.

Je m'incline devant ce préretraité de Wuppertal qui fut brûlé par des skinheads parce qu'il avait dit : « Salauds de nazis ! » Il fut tué parce qu'il a fait de la résistance, à l'instar du commandant de la marine marchande Gustav Schneeclaus, tué à coups de latte par deux skinheads parce qu'il avait qualifié Hitler de criminel.

Je suis heureux quand des maires français et européens se rendent dans leur ville jumelée hanséatique au bord de la mer baltique, après les troubles xénophobes de Rostock, non pour prêcher la morale ou protester, mais pour parler avec leurs collègues en fonction à Rostock, parce qu'ils considèrent qu'ils ont les mêmes problèmes.

Je suis ému quand François Brousseau écrit dans le quotidien de Montréal *Le Devoir* « Ne tirez pas sur les Allemands » (16 novembre 1992) et qu'il évoque précisément cette communauté liée par des défis.

III

Dans de telles circonstances, la question suivante revient sans cesse : « Bonn est-elle Weimar ? »

Nous ne devons pas répondre à la légère à cette question, mais examiner de très près, de manière très critique et attentive, les éléments qui favorisent le danger d'une répétition.

La démocratie allemande n'est pas la République de Weimar. Celle-là était méprisée par son propre peuple et par ses voisins, et personne n'est intervenu pour la secourir. C'était une république sans républicains, pire encore : sans démocrates, dans une Europe dont la majorité des pays n'était pas démocrate.

Elle fut à plusieurs reprises renvoyée à sa propre faiblesse par ses voisins européens et ses anciens adversaires de guerre. Et cette faiblesse était le prétendu « Diktat de Versailles », qui ne fut pas imputé au parti de la guerre, mais à la jeune République.

La nouvelle République allemande est une démocratie avec des démocrates et avec une société démocratique. Elle s'est développée pendant quarante ans à l'Ouest comme part de l'Europe occidentale. Elle a été construite de haute lutte à l'Est, grâce à la première révolution allemande qui fût couronnée de succès.

La nouvelle République allemande est ancrée dans une Communauté européenne qui certes connaît des problèmes, mais dont l'histoire est la plus grande « *success story* » du XXe siècle. Chacun des pays membres sait très bien que les problèmes de l'un sont aussi ceux de l'autre. Il leur faut parfois du temps pour le réaliser, mais ils finissent tous par en être convaincus.

Les faiblesses de mon pays proviennent aussi du fait que l'État redoute de se comporter de manière restauratrice et autoritaire, et du fait également que les citoyens empêchent leur État de redevenir un État dominateur.

Cette constatation ne signifie pas pour autant qu'on puisse revenir à l'ordre du jour pur et simple et attendre tranquillement la suite des événements, en espérant que le calme soit bientôt rétabli en Allemagne. Ne fut-ce pas déjà le cas après les succès électoraux du parti d'extrême droite NPD (National-Démocrate), à la fin des années 1960, quand le cauchemar, ayant suscité une grande inquiétude, s'effaça très vite ?

Il est vrai qu'en Allemagne nous n'avons pas le droit de nous assoupir tranquillement. En cela, nous nous distinguerons toujours des autres. Non pas que nous soyons plus mauvais ou plus méchants, mais parce que nous devons être plus vigilants. Tel un homme qui a provoqué un grave accident de voiture et après cela conduira toujours autrement.

Ce devoir de vigilance nous l'avons, parce que nous ne pouvons plus seulement invoquer le nom de Weimar pour définir notre image de l'Allemagne. Celui qui parle aujourd'hui de Weimar doit aussi parler de *Buchenwald*. Sur le mont Ettersberg, là où Goethe se promenait autrefois, se trouva plus tard ce camp de concentration au nom si romantique[3].

« Nous devons toujours nous souvenir. Il n'est pas possible de demeurer silencieux », disait Thomas Bernhard dans *Avant la retraite*, sa comédie si cruelle.

3. Buchenwald signifie « la forêt de hêtres »

6

Entre Goethe et Auschwitz

Ne croyez pas au mensonge millénaire qui prétend que
la honte se lave dans le sang, croyez à cette jeune vérité :
la honte ne peut être effacée que par l'honneur,
par la pénitence, par le mot du fils prodigue :
« Père, j'ai péché et je ne veux désormais plus pécher. »

ERNST WIECHERT, *Discours à la jeunesse allemande*[1]

I

C'est l'affaire de *ma* génération de transmettre à cet endroit
un message. Et si elle ne le fait pas, elle faillira à sa tâche
comme la génération précédente, à qui elle a reproché sans
pitié son échec. Et si elle aussi faillit, notre démocratie sera à
son tour compromise. Cette fois-ci, cela relève de *notre* responsabilité.

Ce chapitre reprend la seconde partie du texte d'une conférence donnée
par l'auteur devant le « Cercle Goethe » de Québec et « Les programmes
d'Allemand » de l'Université Laval, Québec, le 3 décembre 1992, ainsi qu'à
l'Institut Goethe d'Ottawa et au Département d'allemand de l'Université
d'Ottawa, le 5 décembre 1992. Le texte a été publié intégralement dans *Documents. Revue des questions allemandes*, nᵒ 2, 1993, p. 39-50, sous le titre « Entre
Goethe et Auschwitz. Du plaisir et du fardeau d'être allemand ».

1. Discours traduit en français et présenté par Jacques Nobécourt dans *La
NEF*, nᵒ 22, septembre 1946, p. 57-71, ici p. 67.

Étant de la génération née à la fin du Troisième Reich ou après celui-ci, nous avions deux problèmes à régler avec notre passé, deux problèmes fortement liés l'un à l'autre.

Premièrement, nous ne pouvions plus tirer de Goethe autant que le pouvaient encore nos parents ou qu'ils le prétendaient. Deuxièmement, nous portions consciemment le poids d'une histoire qui avait transformé notre peuple en victimes et en bourreaux.

Élevés dans un État plus ou moins autoritaire, jeté dans le bain de la démocratie grâce à la défaite et à la guerre froide, nous étions porteurs d'une mission : le cheminement de l'Allemagne de l'Ouest vers une société démocratique et européenne.

Cette mission nous renvoyait notamment à l'affrontement conscient du passé allemand le plus récent, qui fut pour nous une terrible découverte.

La découverte d'Auschwitz en tant qu'autre visage de notre héritage allemand nous a conduits à une crise d'identité difficile et recherchée : la difficulté d'être allemand.

Quiconque âgé de 15, 20 ou 25 ans se rendant alors à l'étranger devait vivre et supporter cette difficulté, ou n'y arrivait pas. Il en est souvent résulté une fuite à l'étranger, vers l'Autre ; souvent, c'est d'ailleurs à partir de cette seule expérience de l'étranger que nous sommes devenus capables de retourner dans notre patrie et de nous réconcilier avec elle.

Cette crise aboutit en même temps à un conflit de génération dépassant de loin les limites normales d'un tel conflit. Sous la forme de ce conflit père-fils-fille, la lutte portait sur une meilleure Allemagne – et cela avec toute l'injustice et l'infatuation du vertueux qui a préservé sa vertu parce qu'il n'a pas encore eu l'occasion de la perdre. « Cette manière de rendre responsables, ce discours de culpabilisation, cette manière de démasquer ! Toi, moi, nous, fils et filles de la génération nazie, souffrons d'un complexe d'innocence. Et il faut reconnaître que jamais auparavant une génération n'avait été autant incitée par l'histoire à dénoncer la culpabilité totale de ses propres parents et à affirmer sa propre innocence. » Le roman de Peter Schneider, *Paarungen*, le rappelle encore une fois douloureusement[2].

Ces deux conflits ont profondément marqué la culture politique de la République fédérale d'Allemagne depuis les années 1960, en bien comme en mal.

Les héritiers de Goethe et d'Auschwitz, ce n'est pas là par hasard le titre d'un excellent livre sur la jeunesse allemande écrit par mon ami berlinois Gerhard Kiersch dans les années 1980[3]. C'est ce livre qui a inspiré le titre antithétique de ce texte.

Goethe et Auschwitz incarnent les deux faces d'une patrie dont l'ancien président de la République fédérale Gustav Heinemann disait : « C'est une patrie difficile, mais c'est notre pays. »

Cette phrase même contient un message d'espoir, à savoir le refus de la haine et de la négation de soi. La capacité d'assumer son propre pays, de l'aimer, d'en accepter de la même manière la joie et le fardeau, et de le modifier en conséquence.

Normaliser sans oublier. Devenir normal et se souvenir malgré tout.

La génération née après (le national-socialisme) avait pris au sérieux ce message de façon pas toujours simple, et elle a poursuivi ce qui avait été tracé dans le domaine de la politique extérieure et de la démocratie formelle : elle a ancré dans son esprit et dans son cœur la jeune démocratie allemande et l'image d'une Allemagne européenne.

Ce ne fut pas une voie facile. L'histoire l'a montré, surtout depuis qu'un Willy Brandt s'est agenouillé devant le monu-

---

2. Peter Schneider, *Paarungen* (Accouplements), Berlin, Rowohlt, 1992, p. 120.

3. Gerhard Kiersch, *Les héritiers de Goethe et d'Auschwitz*, traduit de l'allemand par Josie Mély, préface d'Alfred Grosser, Paris, Flammarion, 1986, 288 p. G. Kiersch est mort en 1994.

ment commémoratif du ghetto de Varsovie en 1972, ce qui lui valut à l'époque la critique des conservateurs en Allemagne de l'Ouest jusqu'à la mort tragique de Petra Kelly, la Jeanne d'Arc des Verts allemands, en cet automne allemand de 1992. C'était la voie décrite par Thomas Mann quelques années après la guerre aux « générations allemandes montantes ». « C'est l'affaire de la jeunesse allemande de dissiper cette méfiance, cette crainte (des voisins) en rejetant ce qui est depuis longtemps rejeté et en manifestant sa volonté claire et unanime – non pour une Europe allemande mais pour une Allemagne européenne[4]. »

Ce fut aussi la voie qui fit de la République fédérale d'Allemagne un pays respecté. On avait confiance en cette démocratie et en cette société allemande, y compris en ses pacifistes ouest-allemands, bien qu'ils fussent critiqués pour des raisons stratégiques. Après tout, ne représentaient-ils pas l'image idéale d'Allemands démilitarisés, celle dont rêvaient les Alliés après 1945 ?

Cela a contribué de façon non négligeable à ce que les voisins de l'Allemagne craignent plutôt moins la réunification allemande que les Allemands eux-mêmes. Ainsi l'euphorie du mois de novembre 1989 a-t-elle pu déboucher sur l'une des plus superbes réalisations de la diplomatie Est-Ouest au service de la paix, de l'Europe : la réalisation rapide de l'unité allemande dans le cadre européen, qui conserva les paramètres démocratiques et européens fondamentaux de l'ancienne République fédérale.

« Sans la confiance des peuples en nous autres, Allemands, nous n'aurions pu nous réunir [...]. Les Allemands sont devenus des partenaires prévisibles, fiables et respectés. Cela a favorisé d'une manière tout à fait décisive le consentement de

---

4. Thomas Mann, « Ansprache vor Hamburger Studenten » (Allocution devant des étudiants de Hambourg), (1953), dans T. Mann, *An die gesittete Welt* (Au monde civilisé), Francfort-sur-le-Main, S. Fischer, 1986, p. 811.

nos voisins et du monde entier à notre unité. » C'est en ces termes que le Président de la République fédérale, M. von Weizsäcker, a remercié, le 3 octobre 1990, le premier jour de la réunification allemande, les peuples voisins de l'Allemagne.

Est-ce cela que nous allons mettre en jeu ? L'estime que nous portons à nous-mêmes ? Seulement parce que nous autres, Allemands de l'Ouest et de l'Est, nous nous sommes retrouvés et que nous affrontons désormais les difficultés de ces retrouvailles avec des cris nationaux : « pendant que le sang de la vie versé s'écoule dans le sable » ?

De ce cri, « L'Allemagne aux Allemands ! », qui se propage dans une rancune muette autour des tables de bistro des habitués pourtant si convenables, de ce cri décérébré montant jusqu'au crime inqualifiable, à l'acte de la haine, nous savons qu'il n'y a pas un long chemin à parcourir.

II

« Goethe » et « Auschwitz », ainsi pourrait être résumée cette introspection, ce voyage au cœur de l'âme allemande. Les deux noms sont aussi un avertissement très égoïste, destiné précisément à ceux qui croient devoir agir au nom de l'élément national pour faire du bien à l'Allemagne.

Parlons du premier de ces deux noms. Les « nationalistes » allemands citent volontiers nos « poètes et penseurs » pour s'en enorgueillir. Ils oublient pourtant que Goethe, le plus allemand de tous les poètes, n'a acquis de la grandeur qu'à partir du moment où il devint connaisseur de cultures étrangères et, en tant que voyageur, devint lui-même étranger ; ils oublient qu'à ce moment là, il disait des Allemands : « Ils font beaucoup de bien, en s'appropriant ce qu'est le bien dans les nations étrangères. »

Et les néo-nationalistes allemands oublient que c'est précisément Goethe qui a démontré que la culture nationale allemande cesse d'être nationale dès qu'on en ôte les éléments « étrangers » et les influences « étrangères ». Ils oublient que ce même Goethe a dit par avance à l'intention des crânes rasés et analphabètes : «On ne doit pas aller trop loin à l'écoute d'un public allemand, si l'on veut conserver du courage pour travailler. »

Épargnons-nous une longue énumération de tous les noms sans lesquels la culture allemande ne jouirait pas de sa bonne réputation, et qui subiraient tous un bien triste sort si l'on voulait les réduire « au noyau allemand ».

J'en arrive au second des deux noms. Auschwitz ne reste pas seulement, pour nous Allemands, un souvenir nous rappelant que nous ne devons pas oublier ce que nous avons fait à d'autres. C'est aussi un avertissement contre la perte la plus terrible que l'Allemagne s'est infligée. Elle a anéanti sa propre élite culturelle. On ne peut commettre une plus grande trahison vis-à-vis de sa patrie. «Ah, c'est dans l'air qu'écrit celui qui se souvient d'eux [...] poussière et cendre dans la terre et dans le vent. »

Mais, comment se poursuit le texte d'Albert Goes ? « Ici, il y a plus que des cendres dans le vent. Une flamme est là. Le monde mourrait de froid, si cette flamme n'était pas là ». D'où le message et la mise en garde, pour lesquels avec de nombreuses autres personnes de ma génération nous luttons en Allemagne avec nos paroles et nos actes : nous qui avons trouvé les nombreux détours du fardeau et de la joie, le chemin qui nous a conduits vers notre propre patrie, vers la patrie qui s'appelle démocratie allemande, nous le disons haut et fort à l'adresse des *petits nazillons* : il ne doit pas y avoir de réhabilitation du nationalisme allemand, non seulement dans l'intérêt de nos voisins mais aussi et surtout dans celui de la nation allemande. Celui-ci a toujours été lié à des chaos, qui finissent toujours par se retourner contre les Allemands : la non-démocratie, l'État autoritaire, l'antisémitisme, la xénophobie, la haine des intellectuels, la haine de l'Autre – en nous-mêmes.

Il n'existe dans l'histoire allemande qu'une très brève période durant laquelle le nationalisme paraît exempt de tout ce qui peut inquiéter : pendant les guerres de Libération, lors de la Fête de la Wartburg et dans l'église Saint-Paul de Francfort[5].

Cependant, même la fête de la Wartburg, le 18 octobre 1817, laissait apparaître une inquiétante ambivalence, ainsi relatée par Hans Mayer dans son livre de réflexion, *Der Turm von Babel* :

> Les guerres de libération de 1813 à 1815 méritent à juste titre le nom de la libération et de la liberté. Mais quand ensuite des jeunes gens, les opposants d'alors, furent plus tard arrêtés, exécutés ou chassés par les gouvernements princiers autoritaires, et quand ils voulurent à la fois célébrer la Réforme de Luther et la Bataille de Libération de Leipzig en un lieu où Luther avait traduit la Bible et avait donné aux Allemands leur langue, ils ne trouvèrent pas de meilleur symbole pour exprimer leur joie et leur goût de la liberté qu'un autodafé de livres. On jeta avec des paroles énergiques dans le même feu le symbole de l'Ancien Régime et des armées de mercenaires : la natte et la canne à bec de corbin. Mais aussi le Code civil de la Révolution française, le Code Napoléon. Mais aussi les écrits du Siècle des Lumières, et point en dernier lieu des écrits qui prônaient l'émancipation des juifs. Des étudiants cultivés crièrent à chaque fois « pereat » ce qui signifiait : « Qu'il crève »[6].

Quelques décennies « d'un État-nation allemand sans démocratie » ont légué la plus petite Allemagne qui ait jamais existé dans l'histoire, et de plus, ont détruit partout son influence culturelle, là où des millions et des centaines de

5. Les guerres de libération contre l'empire de Napoléon (1813-15), la Fête des Étudiants à la Wartburg en 1817 (commémoration de l'acte libératoire de Luther) dans un esprit à la fois national et libéral, hostile à l'absolutisme, l'Assemblée nationale constituante qui siège à Francfort en 1848 et 1849, première et unique Assemblée élue par tous les Allemands (y compris ceux d'Autriche).

6. Hans Mayer, *Der Turm von Babel. Erinnerung an eine Deutsche Demokratische Republik*, (La construction de la Tour de Babel, souvenir d'une République démocratique allemande), Francfort-sur-le-Main, Suhrkamp Taschenbuch, 1993, p. 264.

milliers de membres de minorités allemandes et de juifs parlant yiddish avaient depuis des siècles vécu en paix : en Europe de l'Est et du Sud-Est, en Russie.

Ceux qui ne pensent qu'en termes de nation, et seulement en ces termes, ont toujours contribué en Allemagne à ce que l'Allemagne perde une part de plus d'elle-même, sur le plan du territoire, de la morale ou de la culture. L'Allemagne s'est toujours mutilée elle-même en s'efforçant d'être plus spécifiquement allemande – et ainsi elle s'est aussi rétrécie de plus en plus sur la carte.

Ce sont là des enseignements que nous devons prendre à cœur, malgré les difficultés évidentes et prévisibles ; et ce également dans une nouvelle Europe aux frontières ouvertes, telle que nous l'avons toujours souhaitée, et dans une Europe des migrations qui nous tombe dessus avec l'ouverture des frontières. De nombreuses raisons expliquent le « retour aux nations » en Europe, notamment en Europe de l'Est. Les dangers concomitants sont visibles non seulement dans l'ancienne Yougoslavie, où sous les yeux de la communauté internationale s'est imposé le principe sanglant de « l'épuration ethnique ».

Ces dangers sont également visibles en Allemagne, où il a fallu des cadavres d'enfants calcinés pour que la vigilance l'emporte sur une gêne paresseuse.

Quand je vois l'image de ces cadavres de Mölln, une tristesse désespérée m'envahit, qui se refuse à chercher des excuses. « Malheur à l'étranger, poussé par l'amour, que le chemin conduit vers un tel peuple, et trois fois malheur à celui qui, comme moi poussé par une grande douleur, arrive comme un mendiant de mon espèce au milieu d'un tel peuple[7]. »

Mais je vois aussi les jeunes écoliers de Mölln. Quelques heures après l'attentat perpétré à l'époque par deux jeunes de

---

7. « *Wehe dem Fremdling, der aus Liebe wandert, und zu solchem Volke kömmt, und dreifach wehe dem, der so wie ich, von grossem Schmerz getrieben, ein Bettler meiner Art, zu solchem Volke kömmt.* » Hölderlin, *Hyperion*, p. 193 et sv.

quinze et vingt-cinq ans, ils affluèrent devant les cendres, tenant à la main des bougies allumées, et ils avaient honte.

Je vois les voisins qui accueillirent chez eux les Turcs dont le foyer avait brûlé, et le routier qui, en entendant sur son auto-radio parler de l'holocauste local, se dirigea avec son camion vers le lieu de l'incendie. Il y déposa une fleur et pleura à chaudes larmes.

Je vois la manière dont les travailleurs allemands et turcs, ensemble, affluèrent par milliers à Hambourg ou à Cologne, et montrèrent qu'une limite avait été atteinte.

Je vois la poétesse turque Aysel Özakin de Berlin, qui avec ses poèmes a fait plus pour la langue allemande que tous les 40 000 extrémistes de droite allemands réunis : « Sentir son goût sur mes lèvres / Dans une langue nouvelle / Retrouver mes petits complices / Dans une langue nouvelle / J'aimerais poser / Ma main sur son épaule / Une langue nouvelle / Et l'embrasser[8]. »

Je vois aussi l'Assemblée fédérale allemande qui, par 543 voix contre 17 (et 8 abstentions), a voté pour l'Europe de Maastricht et a ajouté un article à la Constitution allemande, érigeant en obligation constitutionnelle « la réalisation de l'Europe unie », dans l'esprit du Préambule de la Loi Fonda-mentale de 1949.

Lorsque je vois ces images d'êtres humains en Allemagne, je suis pénétré d'un véritable espoir. Il ne s'agit pas de l'espoir né d'une gêne paresseuse, mais bien d'un espoir de l'action. Et je considère comme Wolf Biermann : « Celui qui prêche l'espoir, certes, il ment, mais celui qui tue l'espoir, est un salaud. »

---

8. « *Seinen Geschmack auf meinen Lippen spüren / In einer neuen Sprache / Meine kleinen Komplizen / Durch eine neue Sprache / Meine Hand auf ihre Schulter / Möchte ich legen / Auf eine neue Sprache / Und sie küssen* ». Aysel Ösakin, Extrait du poème « Fremde Sprache » (Langue étrangère) dans *Berlin à Montréal. Littérature et métropole*, sous la direction de F. Lach et H.-H. Räkel, Montréal, VLB éditeur, 1991, p. 51.

III

Ce qu'on appelle la culture allemande a toujours été une culture européenne par excellence. Et ce ne fut qu'aux moments où les hommes politiques ont voulu en faire une cage nationale qu'elle a perdu ses lumières. Pour ceux qui rencontrent régulièrement à l'étranger cette référence aux penseurs et poètes allemands, sans oublier la musique, cette attraction fascinante du mérite culturel devrait être une incitation à poursuivre dans la voie de ce patrimoine compris comme entreprise transnationale, voire européenne. Mais – et en cela la culture allemande se distingue par exemple de l'esprit de conversion inhérent à la francophonie – suite à la destruction effectuée avec une précision industrielle de l'un des plus importants porteurs de la culture allemande, le juif allemand ou l'Allemand juif, cette référence reste et ne peut que rester ambivalente. L'évocation de la culture allemande reste liée au deuil et à la honte, de par la perte de sa partie la plus précieuse.

Une fois de plus, cette identité culturelle évoque l'ombre de l'histoire récente. En retour, celle-ci exige toujours une responsabilité particulière. Et personne ne peut s'y soustraire en se disant Allemand né après la guerre. Cette responsabilité ne cesse de croiser notre chemin. Mais en même temps, il est devenu plus facile de vivre avec cet héritage difficile, parce que notre pays a évolué. L'Allemagne n'est-elle pas devenue, toutes proportions gardées, profondément démocratique, plus sincère, plus pacifique, plus intéressante, plus haute en couleurs, plus contradictoire, plus humaine ? Elle s'est en quelque sorte « métissée » grâce à de nombreux comportements et jugements de valeurs, grâce aux influences étrangères venues de l'extérieur et de l'intérieur du pays.

Aujourd'hui il est plus facile qu'avant d'être différent, de vivre un débat conflictuel et de vivre autrement sans qu'une intolérance populaire vous rejette. L'Allemand moyen en RFA est devenu un citoyen qui ne laisse plus grand chance à l'«*Obrigkeitsstaat*», à l'État autoritaire, ou à une société qui se servirait du consensus pour réprimer la différence. Sur le sol ouest-allemand existe depuis un certain temps une société civile qui, avec toutes ses imperfections, mérite d'être défendue, même par ses propres contestataires. Elle a exercé pendant de longues années une influence constructive et pacifique sur la RDA, où s'est réalisé il y a quelques années un processus de démocratisation intérieure analogue. Aujourd'hui, on est plus à l'aise en tant qu'Allemand, parce que l'on a un rapport plus décontracté avec ce pays ; parce que l'on peut se solidariser avec lui, non comme patrie, mais comme modèle politique et constitutionnel. Quand j'étais jeune, je me suis souvent fait passer à l'étranger pour un Danois. Aujourd'hui, je ne me sers plus de cette fausse étiquette, je confesse volontiers mon appartenance à mon pays avec toute l'aisance d'un Européen. Une banalisation positive s'est produite. Nous sommes redevenus partie intégrante d'une société ouest-européenne transfrontalière qui, avec toutes ses particularités nationales, a développé un engrenage intéressant, fascinant. Se sentir chez soi à Bonn ou à Berlin, ne pas se sentir étranger à Paris, au Mans, à Florence ou à Prague, c'est cela être allemand et européen en même temps.

Pourtant, malgré tous ces changements, nous ne sommes pas devenus «normaux». Et nous ne voulons ni devons le devenir. Le sentiment d'une responsabilité particulière doit rester éveillé. Dans un pays d'où sont parties deux guerres mondiales, dans un pays qui a exterminé six millions de juifs et d'autres êtres humains jugés «différents», qui a subi la guerre totale sur son propre sol avec pour principale victime la population civile, dans un pays avec une hypothèque pareille, la société ne peut pas se «normaliser» entièrement. Nous autres Allemands devons assumer notre histoire tout entière.

DEUXIÈME PARTIE

En quête d'unité

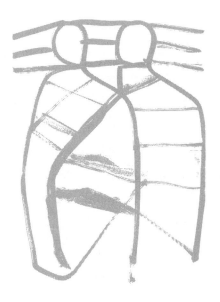

7

La révolution démocratique

Une seule année a suffi pour que s'écroule tout le statut allemand et européen d'après-guerre. L'année 1989 n'est plus seulement celle du Bicentenaire de la Révolution française, mais celle d'une nouvelle révolution en Europe.

Parlons de la révolution en Allemagne. Quelle formidable évolution depuis les premiers trains de réfugiés est-allemands venant de Hongrie, de Prague et de Varsovie, jusqu'aux premières élections libres sur le territoire allemand entre l'Elbe et l'Oder depuis 1933, l'une pour le parlement à Berlin-Est, l'autre pour les communes. Je ne souhaite pas refaire l'itinéraire de ce mouvement complexe, dont la date clé suivante fut l'union monétaire dès le 1er juillet 1990. Voyons d'abord le résultat global de ce bouleversement, qui est celui des élections est-allemandes de mars et de mai 1990.

I

La grande majorité des électeurs est-allemands a voté pour l'unité la plus rapide possible avec la RFA, l'Allemagne de

Ce chapitre reprend dans ses deux premières parties le texte d'une conférence donnée par l'auteur au Cercle franco-allemand de Paris le 29 mars 1990, sous le titre « Les bouleversements en RDA. Origines et situation actuelle ». La troisième partie reprend un extrait d'une conférence donnée par l'auteur devant l'Association Liaison-Université, au Mans, le 19 décembre 1989.

l'Ouest. En peu de temps, la RDA, l'Allemagne de l'Est, transformée par décret en souveraine « nation socialiste », a cessé d'exister. Le premier gouvernement démocratique est-allemand, dirigé par le chrétien-démocrate Lothar de Maizière, ne fut qu'un gouvernement provisoire qui organisa en commun avec le gouvernement de Bonn l'autodissolution de la RDA.

Dès lors, il n'y a plus qu'une seule Allemagne. Une nouvelle Allemagne fédérale allant du Rhin et de la Sarre jusqu'à l'Oder et la Neisse. La plus petite Allemagne qui ait jamais existé – d'ailleurs plus petite que la France, et plus encore que le Québec – mais également l'Allemagne la plus démocratique et la plus sereine qui fût.

Regardons de près les leçons des élections du 18 mars, qui furent grosso modo confirmées par les municipales du 6 mai.

Vingt-quatre partis se trouvaient le 18 mars sur la ligne de départ et il était vraiment difficile de retenir tous ces noms apparus en quelques semaines, allant de la section allemande de la 4e internationale (trotskiste) à « l'union des buveurs de bière allemande » via un parti homosexuel – même constellation d'ailleurs lors de la campagne municipale, en plus coloré. Toute une gamme de fantaisies politiques montrant que la RDA était vraiment très loin du cliché de Prusse rouge et austère tant répandu. Néanmoins, les résultats ont fait surgir un paysage politique assez clairement structuré :

– un courant conservateur en position majoritaire ; son noyau était le Parti chrétien-démocrate (CDU), qui a depuis fusionné avec la CDU occidentale (48 %) ;

– un courant social-démocrate, en deuxième position (20 %). Ce SPD-Est, dont le président d'honneur était Willy Brandt, a également fusionné avec le SPD-Ouest ;

– un modeste courant libéral (autour des 5 %), qui a très vite adhéré au FDP-Ouest, le parti de M. Genscher ;

– un petit courant alternatif et pluriforme, riche laboratoire d'idées politiques et sociales (au total 5 %). Héritiers des premiers opposants au régime et derniers défenseurs de l'originalité particulière d'une RDA non communiste, ils furent les derniers à fusionner avec leurs formations analogues en RFA, notamment les Verts ;

– et finalement un courant cryptocommuniste, encore considérable à l'époque, incarné par le Parti du socialisme démocratique PDS, ex-SED, parti des potentielles victimes de l'unification. Le PDS a rapidement spéculé sur certaines ouvertures à l'Ouest, où il disposait de sympathisants (5 %) ;

– notons encore le succès partiel de deux partis d'agriculteurs lors des municipales du 6 mai, où ils eurent des résultats locaux situés entre 10 et 20 % (15 % en moyenne), qui rassemblèrent plutôt les potentielles victimes de l'unification dans le secteur agricole.

Force est de constater que les élections est-allemandes ont finalement confirmé la gamme des principales formations politiques ouest-allemandes, ce qui a renforcé le processus d'unification et stabilisé une évolution non sans difficultés.

Retenons dans cette même logique la résurgence des anciennes structures fédérales, la revitalisation des *Länder* historiques. Les campagnes électorales se sont de plus en plus fondées sur les forces vives des nouveaux *Länder*, qui cherchèrent très vite une coopération intensive avec les *Länder* ouest-allemands voisins : la Saxe avec la Bavière, la Thuringe avec la Hesse, le Mecklembourg avec le Schleswig-Holstein, etc. Cela montre qu'on assista au rejet des structures centralisées et artificielles, et par conséquent à la confirmation nette des structures fédérales de l'Allemagne historique. Voici donc une ouverture de plus sur la RFA, qui est comme son nom l'indique une République fédérale. La logique de cette confirmation prit corps quelques mois plus tard avec la recréation des cinq *Länder* sur le territoire est-allemand : le Mecklembourg-Poméranie antérieure, le Brandebourg, la Saxe, la Saxe-

Anhalt, et le Thuringe. Cette recréation fédérale a constitué la véritable réalisation de l'unité allemande.

La victoire des partisans en RDA d'une unité allemande la plus rapide possible en a bouleversé les conditions d'établissement, qui ne dépendaient plus autant qu'auparavant du seul contexte international. La RFA est devenue elle aussi un pôle de décision pour l'unification allemande, sans que sa nature et son statut ne s'en altèrent. Ce qui apparaît dans le processus de négociation « 2 plus 4 ». Autrement dit : l'unité allemande ne se fait pas par une troisième voie. L'Allemagne unie ne peut plus être le résultat d'un enjeu complexe entre l'Est et l'Ouest, ni le fruit d'une tentation neutraliste allemande, ni l'enfant naturel d'une dérive ouest-allemande. L'unité allemande passe avant tout par la RFA, qui est restée ancrée dans ces intégrations et obligations ouest-européennes et occidentales telles que la CEE, l'OTAN, l'Union de l'Europe occidentale. Ce que l'Union soviétique et ses anciens alliés, ainsi que les autres voisins de l'Allemagne, ont fini par accepter. Un tel dénouement aurait été inimaginable par le passé.

Est-ce un bien ou un mal ? La communauté occidentale a toutes les raisons de se féliciter de cette évolution, car toute autre issue des élections aurait énormément compliqué la situation au sein de l'Alliance atlantique et de la Communauté européenne, sans parler des séquelles au sein même de l'Allemagne fédérale ; ce qui aurait pu mettre en danger son ancrage à l'Ouest et sa stabilité politique.

Nous pouvons nous féliciter d'un autre dénouement : contrairement à beaucoup de spéculations et craintes, aucune fièvre nationaliste ne s'est saisie des Allemands, ni à l'Est ni encore moins à l'Ouest. Certes, d'aucuns se sont plaints du manque de patriotisme, mais les Allemands regardent de près leur portefeuille : à l'Ouest, on veille à ce que l'unité ne coûte pas trop cher ; à l'Est, on veille à ne pas perdre certaines commodités de l'économie d'État. Et pour ce qui est de la fameuse question de la capitale, le décentralisme allemand a abordé cette question avec décontraction. Les premiers à plier bagages à Bonn pour déménager à Berlin furent, en tant que bons centralistes, les représentants de la télévision parisienne.

II

Examinons quelque peu les origines de ce bouleversement. Quels facteurs ont conditionné et accompagné cet effondrement de la RDA, auquel très peu de gens, très peu de spécialistes et très peu de gouvernements s'étaient attendus ?

Depuis l'avènement de Gorbatchev au pouvoir en 1985, la politique soviétique a entrepris une réévaluation de son glacis en Europe centrale. Cette réévaluation était liée au rapprochement entre les deux superpuissances et à la nécessité de réformer de l'intérieur le régime soviétique. Il en résulta une nouvelle marge de manœuvre pour les anciens pays satellites de ce glacis, ce qui favorisa les mouvements de réforme dans des pays clés comme la Pologne et la Hongrie, vers la formation d'une société civile démocratique.

Sans nous arrêter sur ce processus d'interaction complexe, il est bon de le mentionner, pour expliquer le cas de la Hongrie. Sans cette dernière, les événements en RDA, à commencer par l'effondrement du Mur, n'auraient pas eu lieu. Ce fut la Hongrie qui en été 1989 ouvrit ses frontières. Ce fut le début d'un véritable exode de plus en plus dramatique ; il serait inutile de rappeler les images inoubliables de cet été. Des conséquences énormes allaient en découler, conséquences que tous connaissent.

En effet, cet exode massif via la Hongrie (et aussi via Prague, puis Varsovie) touchait à l'une des deux conditions d'existence de la RDA : le Mur (l'autre étant le socialisme). Les dirigeants de la RDA étaient loin de voir la portée de ce mouvement de fuite, et rataient encore d'autres trains de l'Histoire.

La paralysie politique de Honecker, depuis son opération en été 1989, était l'image même de la rigidité et de l'immobilisme de l'appareil d'État et du parti tout entier, sous l'emprise de quelques grands fidèles de Honecker. C'était le règne de la loyauté aveugle, de l'opportunisme et de la peur. Dans le parti d'État, le SED communiste, il n'y avait pas de forces de renouvellement comme dans d'autres pays à l'Est, capables de le réformer à temps, avant le grand jour. Le parti de Honecker était un parti anti-perestroïka, et ses dirigeants caressaient même l'espoir d'un échec de Gorbatchev.

Qu'en était-il de l'opposition politique en dehors du parti? Bien sûr, elle existait; mais la situation n'était pas comme en Pologne ou en Tchécoslovaquie. En RDA, les grandes têtes intellectuelles de l'opposition étaient expulsées et privées de leur citoyenneté. Le reste de l'élite intellectuelle et artistique, en particulier les écrivains organisés dans leur association, vivaient dans un état de loyauté ambiguë, restaient à l'écart et redoutaient de s'engager. Quand ils s'y résolurent, en novembre 1989, pour défendre une révolution propre à la RDA, c'était trop tard; c'était après la révolution de palais au sein du SED, qui, elle aussi, venait trop tard pour sauver le parti. Le mouvement populaire, de plus en plus fort, était déjà plus avancé. Son credo n'était plus simplement « nous sommes le peuple », mais prit une tonalité interallemande : « nous sommes un seul peuple ».

Concernant l'état de l'économie et de la société, il est utile de se rappeler ce que William Griffith, comme beaucoup d'autres à la même époque, écrivait encore à l'automne 1989 dans la revue française *Géopolitique* : « La RDA est aujourd'hui, de tous les pays communistes, le plus prospère. Elle figure parmi les vingt premières puissances industrielles du monde... Elle doit son redressement à ses traditions industrielles, mais aussi au fait qu'elle est peuplée d'Allemands, habitués à la discipline, doués du sens de l'organisation, animés d'une éthique du travail, rare dans les pays communistes. » Cette phrase n'était peut-être pas fausse, mais elle n'était pas vraie non plus. Force est de constater que l'économie, et surtout la productivité de cette économie en RDA, étaient fortement surestimées. Il paraît que 90 % des statistiques étaient falsifiées. L'éthique du travail était plutôt celle d'une frustration continue face à des blocages permanents dans la production, à des pénuries continues dans la consommation, à une mentalité de travail parfois préindustrielle, à un système sclérosé dont les dernières flexibilités avaient été tuées dans l'œuf dès 1972.

À cette époque, le SED faisait détruire ce qui restait d'une économie mixte en expropriant les restes d'une classe moyenne indépendante. Le système de planification tous azimuts devint encore plus rigide. Et cette rigidité fut accélérée par une centralisation grandissante, qui regroupa l'économie industrielle en 40 « grandes unités économiques » (*Großkombinate*). Celle-ci renforça la collectivisation agricole et sépara par exemple la production agricole de l'élevage, ce qui créait dans un tel système de planification rigide d'insolubles problèmes d'approvisionnement en fourrage. En même temps, l'approvisionnement en produits agricoles, surtout dans le domaine des fruits et légumes, se dégradait rapidement. N'oublions pas non plus les obligations de livraison relativement élevées de produits industriels et technologiques, auxquels s'était engagée la RDA envers l'Union soviétique (1500 contrats entre l'URSS et des firmes est-allemandes).

En outre, la RDA était tenue d'exporter le plus possible vers les pays occidentaux pour se procurer les devises fortes nécessaires à son équilibre commercial, économique et industriel. Les consommateurs devaient inévitablement faire les frais de cette politique et manquaient du strict nécessaire. Ils devaient par exemple attendre une quinzaine d'années la livraison d'une voiture de petite cylindrée, la fameuse « Trabant ».

Notons une autre décision grave, qui eut des conséquences désastreuses : après les chocs pétroliers des années 1970, le régime, sous la pression des prix pétroliers soviétiques d'ailleurs facturés aux prix du marché mondial, donna la priorité à l'autarcie et au lignite indigènes. Nous en connaissons les conséquences catastrophiques. Après la chute du Mur, l'environnement en RDA était parmi les plus pollués d'Europe sur le plan atmosphérique, alors que des régions entières furent brutalement éventrées. Des villages et des villes entiers, dans un état désastreux, avaient atteint au niveau de l'environnement un point de non-retour, sauf énergique décision de faire machine arrière. Ne parlons pas du sol, des fleuves, des rivières et des ressources en eau potable. Ne parlons pas non plus du retard technologique dans les industries de pointe, et des conséquences qui en résultèrent pour la compétitivité. La productivité de l'économie est-allemande correspondait à un tiers de la productivité ouest-allemande. Les dettes des entreprises est-allemandes s'élevaient en 1989 à 260 milliards de marks. Elles ont dû payer 205 milliards de marks à l'État, et n'ont eu que 4 milliards de retour pour les investissements. C'était ce que Karl Schiller, ancien ministre ouest-allemand de l'économie, a appelé « le processus de la destruction créatrice ».

L'écart entre la RDA et la RFA, dans tous les domaines, devenait de plus en plus visible pour les habitants de la RDA, informés par les médias occidentaux et les contacts familiaux. La possibilité restreinte de quitter la RDA, de voyager et d'aller librement en RFA, pesait de plus en plus lourdement sur les esprits des Allemands de l'Est, qui restaient soumis à un droit de circulation beaucoup plus dur que les Polonais ou les Hongrois par exemple. Rappelons qu'ils vivaient sous le contrôle d'une *Stasi* omniprésente, avec environ 200 000 collaborateurs et six millions de dossiers, sur un total de 16 millions d'habitants. 1989 fut ainsi marquée par un relatif déclin économique et technique et par un mécontentement grandissant de la population. Tout cela dans le contexte de la singularité de la RDA, de ses relations complexes avec l'Allemagne libre, plus riche et plus prospère.

Une chose est sûre : il fallait choisir entre d'une part la résignation, et d'autre part la fuite et la contestation. En effet, depuis 1989, l'émigration difficile, sinon impossible, depuis la construction du Mur en 1961, redevenait praticable via la Hongrie. Il est utile de rappeler ici que deux millions six cent mille Allemands de l'Est étaient déjà passés à l'Ouest avant la construction de ce mur, entre 1950 et 1961. En outre, huit cent mille autres avaient suivi le même chemin entre 1961 et novembre 1989, dont la plupart la dernière année.

Finalement, les Allemands de l'Est ont choisi la seconde option : la contestation.

III

Comment évoquer mon identité allemande sans parler de cet été qui a vu tout un peuple en mouvement, d'abord ces milliers de réfugiés est-allemands passés par la Hongrie, la Tchécoslovaquie et la Pologne, mais surtout par la Hongrie, ce pays courageux. Enfin tout un peuple en mouvement en Allemagne de l'Est faisant la première révolution démocratique et pacifique de l'histoire allemande ! Comment puis-je parler de mon identité allemande sans me souvenir de ces trains d'espoir, de ces larmes de joie, que j'ai partagées avec des milliers de compatriotes des deux côtés de l'Elbe et du mur de Berlin ? Sans me rappeler que l'écroulement du statu quo – état de non-guerre en Europe, mais non d'une vraie paix civile – est aussi l'écroulement du statu quo dans nos têtes, têtes figées qui avaient si longtemps accepté et intériorisé une situation pétrifiée et anormale, parce qu'il n'y avait pas alors d'alternative ?

La parenthèse que constitue désormais dans l'histoire la

division du continent européen et de l'Allemagne s'est fermée après quatre décennies ; ce que tous les pays occidentaux affirmaient souhaiter. Ce fut un moment heureux, mais pas toujours aisé, du retour à l'Europe. Les Allemands de l'Ouest avaient été obligés en 1949 de faire un choix brutal : choisir entre la démocratie et l'unité nationale. Ils avaient choisi la première et ont ancré cette démocratie à l'intérieur d'une communauté ouest-européenne démocratique. Ceci leur semblait être la meilleure façon de développer leur identité et à long terme sauvegarder les valeurs de leur unité nationale, dans la lignée des mouvements démocratiques et libéraux de 1848 et d'avant. Notre patrie, ce ne fut pas la RFA, mais la démocratie allemande suspendue pendant quatre décennies au-dessus de l'Elbe. La guerre froide pour les Allemands a aussi été une guerre civile. La détente rendait cette guerre civile plus supportable, sans toutefois lui apporter de solution. Ayant vécu moi-même pendant douze ans à Berlin, à l'ombre du Mur, je n'ai jamais pu avaler avec aisance cette pilule de l'histoire, tout en ayant appris mes leçons sur la stabilité et l'état de non-guerre en Europe. Depuis cet automne, la guerre civile au cœur de l'Allemagne a pris fin. Pour la première fois depuis 1933 se réalise dans la partie Est de la nation allemande, entre l'Elbe et l'Oder, une nouvelle démocratie. Dorénavant, l'ancienne frontière sur l'Elbe et sur le Mur n'existe plus. Pour la première fois existe sur le sol allemand tout entier une démocratie voulue par les populations elles-mêmes.

Aussi bien n'y a-t-il rien à *réunir*, car cela impliquerait une sorte de retour en arrière. Il n'y a qu'une progression vers l'avenir, vers une nouvelle unité. Mais c'est un processus fort compliqué et cela fait partie de cette responsabilité particulière de l'Allemagne.

Néanmoins, depuis le 9 novembre, il est évident que l'Allemagne retourne à elle-même en même temps que se retrouve l'Europe tout entière. Ceci n'est pas une contradiction, plutôt un défi et une chance pour nous tous, car la stabilité et l'épanouissement de l'Europe ne peuvent guère être fondés sur une instabilité allemande causée par des divisions artificielles.

Quand j'ai assisté aux retrouvailles des populations des deux cotés du mur, en voyant leurs larmes de joie et en entendant leurs rires, j'ai eu la certitude que la nation allemande, dans son sens le plus démocratique, n'avait pas cessé d'exister. Car une nation n'est-ce pas, selon la définition même d'Ernest Renan, « un plébiscite de tous les jours », la volonté de vivre en commun ? Et voilà un plébiscite qui a balayé toutes les prévisions et tous les calculs des architectes politiques du statu quo en Europe.

Nous n'avons heureusement pas empêché cette évolution à la fois naturelle, démocratique et pacifique. Nous avons su guider ce mouvement vers l'Europe. Les Allemands de l'Est ne sont pas seulement venus à la démocratie et à l'Allemagne, ils sont aussi revenus vers l'Europe. Et n'oublions pas, nous autres pères, enfants et acteurs de la réconciliation et de l'amitié franco-allemandes, que cette réconciliation et amitié ne furent jamais conçues seulement pour la partie ouest des pays allemands. Nous qui avons vécu cette expérience heureuse sommes appelés à l'élargir aux Peter, Helga et Hans de Leipzig, Greifswald ou Francfort sur l'Oder.

Quand Joseph Rovan fut libéré du camp de concentration de Dachau, il a lancé aux Français un appel émouvant à la réconciliation et à la responsabilité pour une nouvelle Allemagne démocratique. L'Allemagne future, écrivait-il le 1er octobre 1945, dans la revue *Esprit*, sera ainsi « l'Allemagne de nos mérites ». Et il concluait : « Si la devise de la République n'exprime plus la vocation universelle de la France, en quel nom la Résistance a-t-elle résisté ? L'épouvantable plaie que l'Allemagne étale maintenant au cœur de l'Europe jugera l'œuvre des Nations. L'Allemagne de demain sera la mesure de nos mérites. » L'Allemagne de demain, du siècle qui s'ouvre à nous, celle qui ira du Rhin et de la Sarre à l'Oder et la Neisse, sera également celle de nos mérites communs.

Le 9 novembre 1989, devant la porte de Brandebourg, j'ai pensé que tous les Allemands devraient commémorer le 9 novembre comme une journée nationale pour tous. Avec une triple signification, puisque ce jour nous rappelle trois moments de notre histoire :

– le 9 novembre 1989, la fête des retrouvailles démocratiques en Allemagne et le début de la première révolution démocratique et pacifique sur le sol allemand ;

– le 9 novembre 1938, quand les nazis mirent le feu aux synagogues juives du Reich, avant d'exterminer les meilleurs éléments de la culture allemande et européenne, sans que leurs projets ne rencontrent de résistance significative ;

– le 9 novembre 1918, jour de la proclamation de la première République allemande, dont on sait qu'elle a échoué parce qu'elle n'a été soutenue ni par le peuple allemand ni par ses voisins européens.

Cette triple expérience a la valeur de trois messages : celui du bonheur, celui du deuil et celui de la vigilance. Pour l'ensemble des Allemands, je souhaiterais un nouvel hymne national : la musique du chœur final de la neuvième symphonie de Beethoven, « l'ode à la joie », mais sur les paroles de Bertolt Brecht, composées après la guerre : « Que la paix, la liberté et l'amitié entre les peuples soient le serment de fidélité des Allemands/ Avec les peuples de l'Europe nous bâtissons la nouvelle époque/ De la mer aux Alpes, de l'Oder au Rhin doivent régner à jamais dans les pays allemands la paix et la liberté. »

8

Un État – deux peuples ?

À la fin doit avoir lieu l'unification des deux parties séparées de l'Allemagne. Mais elle ne pourra pas se produire comme « annexion » de la plus petite par la plus grande. Des choses ont été créées, que l'on ne peut plus ignorer. L'Est ne voudra pas renoncer aux « conquêtes sociales » de la RDA. Il faudra s'entendre sur ce que cela signifie. Nous pourrons reprendre aisément de nombreux acquis.

PAUL SETHE, *Öffnung nach Osten*[1]

I

Tandis que l'on fêtait le bicentenaire de la Révolution française, une autre véritable révolution se déroulait au cœur de l'Europe, à Varsovie, Budapest, Prague, Bucarest, Leipzig et Berlin-Est. Il est bon de se souvenir du rythme et de la fièvre de ces événements pour éviter que ne disparaissent à jamais ces sentiments de stupéfaction, d'euphorie, de gratitude, laissant place à un nouvel état d'âme empreint de normalité, de grisaille et de routine « d'après- après-guerre ».

Ce chapitre reprend en partie le texte d'un discours prononcé par l'auteur à la Maison de Rhénanie-Palatinat, à Dijon le 3 octobre 1996, à l'occasion du jour de la Fête nationale allemande, paru dans *Documents. Revue des questions allemandes*, n° 5, 1996, p. 71-79, sous le titre « Lettre d'outre-Elbe. Un État – deux peuples ? ».

1. « Am Ende muß die Vereinigung der beiden getrennten Teile Deutschlands stehen. Sie wird aber nicht als 'Anschluß' des kleineren Teils an den größeren sich vollziehen

Comme beaucoup d'autres, j'ai vécu tous ces événements dans des perspectives différentes, voire contradictoires. Je fus un « concerné euphorique ». Je fêtai la chute d'un mur sur le Mur même, à Berlin, dans la célèbre nuit du 9 au 10 novembre 1989. Je changeai de vie à la suite de ces événements, d'un fleuve à l'autre, du Rhin aux bords de l'Elbe, pour retourner dans la ville de ma famille maternelle, à Dresde. Aujourd'hui j'y vis, j'y travaille et j'y suis devenu un heureux « outre-elbien ». Mais je fus aussi un observateur distancé. Par la force des choses, j'ai également vécu les événements dans la perspective des autres. À travers l'inquiétude de mes amis étrangers, du regard pleurnichard de certains de mes compatriotes, des soucis concrets de mes amis en Saxe. Est-ce un hasard si j'ai assisté à l'événement tant espéré, l'unification le 3 octobre 1990, à quelques milliers de kilomètres de là, en plein été indien, devant un poste de télévision à Montréal ?

II

Pourquoi est-il nécessaire de rappeler ces deux perspectives, celle de l'intérieur et celle de l'extérieur, celle de la joie et celle de la crainte ? Il est peu de choses en Europe qui n'aient attiré autant de sentiments contradictoires que la « Deutsche Frage », la « question allemande », que les manuels d'histoire en France avaient l'habitude d'appeler « le problème allemand ». Étant le problème des Allemands et celui des autres, il représentait le problème européen par excellence.

---

können. *Es sind Tatsachen geschaffen worden, über die wir nicht mehr hinweggehen können. Der Osten wird auf die 'sozialen Errungenschaften' der DDR nicht verzichten wollen. Was das bedeutet, wird ausgehandelt werden müssen. Vieles werden wir ruhig übernehmen können.* » Paul Sethe, *Öffnung nach Osten. Weltpolitische Realitäten zwischen Bonn, Paris und Moskau*, Scheffler, Francfort-sur le-Main, 1966, p. 190-191. Paul Sethe fut l'un des grands historiens-essayistes et journalistes conservateurs allemands de l'après-guerre.

La tragédie de l'Histoire fit que l'un n'allait pas sans l'autre. Quand les Allemands eux-mêmes se mirent à résoudre leur problème, c'est-à-dire l'architecture politique de leur maison commune – et ceci dans la logique des temps modernes, à savoir dans la logique de la centralisation étatique et du consensus national –, ce fut en général contre l'avis et les intérêts des autres nations en Europe.

Quand les voisins se mirent à régler la question allemande, d'après leur interprétation de l'équilibre européen, cela ne plut point aux Allemands. Cela engendra la fureur européenne, indissociable de ce siècle abhorré qui connut deux guerres mondiales atroces, des tranchées de Verdun aux camps d'Auschwitz. Mais aussi la formidable réconciliation entre Allemands et Français, qui fut le véritable miracle d'après-guerre.

Le miracle de 1989/1990, ce fut la manière avec laquelle les Allemands et les Européens, les populations et les États, réussirent à régler le problème allemand en commun. Guidée par la volonté des peuples, l'action rapide des États et des diplomates permit non seulement l'unification, mais surtout son ancrage dans les systèmes occidentaux existants – et ceci *sans* la prétendue « dérive allemande », le « Sonderweg », tant dénoncée en France, parfois avec une volontaire hypocrisie.

Lorsque l'accord « 2 plus 4 » fut concrétisé pour le 3 octobre 1990, ce fut sur le plan allemand et européen le premier règlement pacifique, démocratique et heureux du problème allemand depuis la bataille de Sadowa. L'Europe tout entière a raison de se féliciter d'un tel processus, au cours duquel la diplomatie et les populations montrèrent d'une façon inouïe un degré de maturité inhabituel dans une telle alliance.

Une vision anticipée de Jean-Paul Sartre, un 3 octobre justement, a pu se réaliser. Le 3 octobre 1950, il déclarait dans la *Stuttgarter Zeitung* qu'« une nation française qui aspire à l'union des pays européens devrait soutenir une Allemagne européenne dans sa reconstruction, en particulier dans la reconstruction de l'unité allemande, dans le cadre de la perspective internationale. » Et de continuer : « Je suis fermement convaincu que nous, en France, malgré l'occupation et la résistance, nous nous sommes fortement éloignés de cette "haine sainte des Allemands" qui s'était si violemment manifestée au cours de la Première Guerre mondiale. Celui qui affirme que tout mal provient de l'Allemagne exprime une opinion quasi préhistorique. »

L'unification du 3 octobre 1990 a confirmé l'existence des Allemands en tant que peuple, ce qui n'allait pas de soi après douze ans de fascisme et 45 ans de division. Et ce peuple s'est reconstitué en tant que nation sur la seule base du plébiscite de tous les jours, uni dans la mémoire, dans un espoir commun et le soutien des voisins, et ce de la façon la plus convaincante et la plus sympathique qui fût, sans coups de feu ni tués. Ce qui ne veut pas dire qu'une telle confirmation ne se réalise pas sans problèmes ni remise en question. Les Français en savent quelque chose ; comme si la nation modèle que l'on nomme France n'avait ni problèmes ni passages à vide.

Aujourd'hui, nous vivons en Europe et dans la communauté internationale une normalité spectaculaire : l'Allemagne unie est redevenue l'Allemagne tout court, ne provoquant chez nos voisins aucune de ces craintes ou incertitudes que la seule perspective d'une unification dans les années 1980, avant la chute du Mur, aurait été capable de provoquer.

Les craintes auxquelles nous sommes encore confrontés en dehors de notre pays sont celles que l'ancienne RFA a pu provoquer. Peut-être même sont-elles moins nombreuses qu'auparavant. Aurions-nous pu imaginer avant 1990 – en toute sérénité – des soldats allemands défiler sur les Champs-Élysées le 14 juillet, ou se déployer à titre de force de pacification en ex-Yougoslavie ? Les aurions-nous vu se joindre aux manœuvres militaires entre Français et Polonais ? Aurions-nous pu imaginer un débat tout à fait raisonnable et sobre sur un siège permanent allemand à l'ONU ?

L'évolution qui a eu lieu entre la chute du Mur et aujourd'hui est tellement révolutionnaire que toute réflexion sur l'actualité se doit de rappeler ces changements. Nous courons sinon le risque de surévaluer les problèmes actuels. Notre perception médiatique est telle que nous sommes de fiévreux nombrilistes face à notre actualité respective, tout en oubliant le respect du passé.

III

Toutefois, un discours sur l'Allemagne unie ne peut se contenter de rappeler les moments heureux et héroïques. Il y a quelque temps, après avoir exprimé ma joie personnelle, j'en aurais appelé à la quiétude. J'aurais invité les autres, les voisins-amis, à se rassurer sur le rôle, le poids et l'état de cette nouvelle Allemagne au cœur de l'Europe. J'aurais rappelé les grandes continuités européennes, occidentales et atlantiques, malgré et avec les changements évidents. J'aurais affirmé que la nouvelle Allemagne ne serait pas plus nationaliste et pas moins européenne que ses voisins, que les changements et les défis qu'elle connaîtrait seraient ceux de l'Europe tout entière.

Une telle tonalité s'imposait à l'époque, car les inquiétudes à l'étranger, surtout en France, envers les fameuses « incertitudes allemandes » étaient grandes. De tels sentiments se sont heureusement estompés entre-temps. Si inquiétude il y a, elle est aujourd'hui dirigée contre l'Europe, à savoir l'Union européenne, qui n'est plus à la mesure des rêves de ses fondateurs et pas encore à la hauteur des nouveaux défis.

En 1996, nous avons affaire à un problème différent, et je souhaiterais le placer au cœur de mes préoccupations. Celles d'antan tournaient autour du rôle, de la force et du poids de l'Allemagne, dont les atouts extérieurs avaient été renforcés par l'unification. Sur les réflexions d'aujourd'hui pèse le poids des préoccupations «intérieures», jadis capables de remettre en question tout espoir d'unité allemande.

La fin de l'État providence et d'un système économique et social fondé sur la croissance et la prospérité touche toute la société allemande ; elle freine surtout les mirages et espérances est-allemands d'un nouveau miracle économique, «Wirtschaftswunder», à la portée de tous, et ceci dans des milliers et des milliers de cas d'une manière brutale. La masse des déçus du capitalisme dans les nouveaux *Länder* provoque l'avènement d'une certaine nostalgie de l'ex-RDA, non de son appareil politique et étatique, mais de certaines sécurités dont profitaient tous ceux qui ne s'opposaient pas ouvertement au régime communiste.

Je parle de cette sécurité fondamentale sur le lieu du travail, dans les HLM, dans les rues la nuit, dans les crèches, dans tout le train-train quotidien, une sécurité du berceau au cimetière, derrière le mur d'une grande Bastille nommée RDA. Et ceci, avec le recul du temps, perd tout le caractère d'étouffement qu'il pouvait avoir auparavant, en particulier pour les moins jeunes.

Quelle fièvre engendrent les grandes transformations économiques et infrastructurelles dans les nouveaux *Länder*! La renaissance des villes, le renouveau des réseaux de transports et de communication, l'assainissement des eaux et des forêts, le sauvetage spectaculaire du patrimoine architectural, la mise à neuf des industries et des services : toutes ces transformations spectaculaires et inouïes imposent le respect. Mais, aussi admirables qu'elles soient, elles n'ont pas transformé la majorité des citoyens des nouveaux *Länder* en acteurs, mais plutôt en spectateurs-consommateurs. Et ces derniers découvrent que la liberté et le bien-être tant demandés s'accompagnent de ce qui apparaît de plus en plus comme une «société du spectacle» : «le règne autocratique de l'économie marchande ayant accédé à un statut de souveraineté irresponsable, et l'ensemble des nouvelles techniques de gouvernement qui accompagnent ce règne», comme l'a définie le philosophe français Guy Debord[2].

En effet, ne peut-on pas constater une nouvelle division dans les sentiments, les témoignages, les commentaires? La plaisanterie de Lothar de Maizière, premier et dernier chef de gouvernement librement élu de la RDA, depuis député chrétien-démocrate du Bundestag, est révélatrice: «*Vorher waren wir ein Volk in zwei Staaten. Heute sind wir ein Staat, der zwei Völker hat.*» («Auparavant nous étions un peuple dans deux États. Maintenant, nous sommes un État qui a deux peuples»).

Une telle conception fait vite effet boule de neige, surtout dans les milieux qui cultivent par nature et par culture une certaine idée post-romantique de la RDA, chez eux mais aussi ailleurs. J'ai pu le constater à Paris, à la Maison de l'Europe, à l'occasion d'une table ronde sur l'Allemagne. Le titre de la manifestation était «Un État – deux nations?», et une bonne partie des contributions françaises tournèrent autour du constat de l'échec de l'unification allemande.

IV

Sommes-nous, nous autres Allemands, redevenus «deux peuples», toutes ces années après la réunification? L'état économique, social, mental des Allemands dans leur ensemble ne permet point de parler d'une unité à tous les niveaux, surtout quand il s'agit du concret et de la psychologie de la vie quotidienne. La reconstruction des nouveaux *Länder*, des villes, des quartiers historiques, des routes et des chemins de fer tient du miracle, de même que les nouvelles constructions

2. Voir Guy Debord, *Commentaires sur la société du spectacle*, Paris, Éditions Gérard Lebovici, 1998, p. 12.

tous azimuts. Nous assistons à la naissance d'une nouvelle forêt est-allemande, celle des grues !

Mais hélas, cette gigantesque transformation se fait trop souvent sans ceux qui sont concernés au premier point, et elle se fait trop souvent sans leur contribution. Elle est en effet devenue l'affaire des grands investisseurs, des grandes banques, des grandes entreprises et des grands ensembles, qui sont dans la plupart des cas d'origine ouest-allemande. Outre-Elbe, nous assistons partout, dans les grandes villes telles que Leipzig ou Dresde, à une abondance de nouveaux grands complexes de bureaux. Ils sont chers, à moitié vides, et leurs propriétaires – basés à l'ouest – font des profits par le biais de réductions d'impôt et de subventions diverses, tandis qu'une nouvelle couche moyenne de PME et de professions libérales d'origine est-allemande a du mal à démarrer, voire même à survivre, coincée entre le marteau des impôts et l'enclume des crédits.

Il faut ajouter qu'une partie considérable des nouvelles élites, des petits assistants universitaires aux grands investisseurs et ministres, vivent toujours et trop souvent en navette entre leurs familles domiciliées à l'Ouest et leurs bureaux situés à l'Est, refusant ainsi toute implantation humaine, sociale et culturelle à long terme dans les nouveaux *Länder*. Au fond, nous sommes loin de cette situation de reconstruction historique dans les zones d'occupation occidentales après la guerre, où il y avait de plus en plus de travail pour de plus en plus de personnes, et où celui qui travaillait pouvait former l'espoir que tout investissement personnel valait la peine, au moins pour ses enfants. Et où chacun, sur son lieu de travail, assumait pleinement sa vie.

Il ne s'agit pas seulement d'un problème de clivages matériels et sociaux au détriment des populations dans les nouveaux *Länder*, dissonances compréhensibles, car le coup de baguette magique pouvant transformer l'ex-RDA en « *blühende Lands-*

chaften», en paysages fleurissants, n'a jamais existé. C'est aussi trop souvent un problème de mésentente, d'ignorance et d'arrogance mutuelles.

Quelle est la conséquence «outre-Elbe» de ce processus? C'est le retour d'une certaine nostalgie de l'ancien Est, *nach gewissen Verhältnissen im alten «Osten»*, exprimé par le néologisme allemand «Ostalgie». Ce retour provoque, à des niveaux et degrés différents, des scissions que n'avaient pas prévues les acteurs de l'unification. Comme inévitable conséquence psychologique, renforcée par certaines attitudes d'ignorance ouest-allemandes envers cette nouvelle grande inconnue dans leurs provinces orientales, il y eut la récupération d'une mémoire est-allemande. Comme le décrit le directeur du Théâtre de la ville de Halle en Saxe-Anhalt: «*Niemand will die DDR wiederhaben. Aber keiner will sie sich nehmen lasssen*» («Personne ne veut retrouver la RDA, mais personne ne veut se la faire enlever»).

Un processus comparable se déroule à l'Ouest, où règne une certaine nostalgie de l'ancienne République de Bonn, cette RFA avec son charme provincial à l'abri du monde, son charme de minorité et d'irresponsabilité politique au niveau mondial. Cette nostalgie étant de préférence véhiculée – divine surprise – par une certaine classe d'intellectuels et de médiateurs culturels qui, dans le passé, n'avait jamais éprouvé beaucoup de sympathie pour cette ancienne BRD, la RFA des autres.

Je parlais de scissions. D'un côté, nous trouvons les nouveaux déçus du capitalisme, vrais ou faux, les anciens profiteurs de la défunte RDA, les nostalgiques pleurant une niche nommée RDA. De l'autre côté, les anciens et nouveaux profiteurs, ceux qui défendent leurs acquis, les *Besitzstandswahrer*, les nostalgiques pleurant une niche nommée RFA. Nous vivons toujours dans des parties différentes d'Allemagne et nous allons continuer à le faire. N'est-ce pas là une nouvelle scission

Est-Ouest, laissant la voie libre à la question de savoir si l'unification allemande a vraiment eu lieu dans les têtes et dans les cœurs ?

V

Sommes-nous pour cela en droit de constater l'échec de l'unité allemande et d'en tirer des arguments contre ce formidable processus menant de la chute du Mur le 9 novembre à l'unification du 3 octobre ? Sommes-nous pour autant redevenus deux peuples ? Posons-nous la question autrement, à la lumière de l'Histoire :

– Souffrons-nous des divisions de religion qui avaient séparé pendant des siècles – jusqu'aux années 1960 – les Allemands protestants des Allemands catholiques ? Non !

– Souffrons-nous des éclatements territoriaux et étatiques qui ont caractérisé les Allemagnes centrifuges pendant des siècles ? Non !

– Souffrons-nous de la société de classe de l'Empire ? Non !

– Souffrons-nous de la guerre civile de la République de Weimar ? Non !

– Souffrons-nous de la terreur du IIIe Reich contre nos propres populations et minorités ? Non !

– Sommes-nous toujours déchirés dans nos familles entre une génération marquée par une socialisation nazie et une génération de fils et de filles en révolte ? Non !

– Sommes-nous divisés entre Allemands de croyance « antifascistes » et Allemands de croyance « anti-communistes » ? Non !

– Les Allemands ont-ils jamais dans l'Histoire dépensé, voire sacrifié, en si peu d'années autant d'argent, quelques centaines de milliards de Deutschemarks, au profit de leur reconstruction commune, par le biais des impôts, la « *Solidari-*

tätszuschlag », l'impôt dit « de solidarité » en faveur de l'unification ? Non !

Autre série de questions, auxquelles je répondrai tout aussi brièvement :

– Sommes-nous unis dans les mêmes principes fondamentaux politiques à savoir une république démocratique, à mi-chemin entre l'État-nation et l'Europe ? Oui, plus qu'auparavant !

– Sommes-nous unis dans les mêmes affinités culturelles (y compris linguistiques) ? Oui, plus qu'auparavant !

– Sommes-nous unis dans le même sillon d'une histoire qui va de 1817 à 1989, via 1933 et 1945, et qui nous lègue une commune responsabilité particulière ? Oui, plus qu'auparavant.

– Sommes-nous unis dans le même cadre étatique, administratif et culturel ? Oui, plus qu'auparavant.

Réponse sommaire : jamais auparavant dans leur Histoire, les Allemands n'ont été plus unis qu'aujourd'hui, unis par l'Histoire, qu'ils assument désormais entre un État-nation pas encore éteint et une intégration européenne pas encore menée à terme.

Que cela plaise ou non, la recherche d'une pensée unique sur l'unité « intérieure », au-delà de ces dénominateurs communs, reste un mythe. Si ce mythe est véhiculé par des Allemands, il réside bel et bien dans l'idée romantique d'une « *Kulturnation* » orientée – par l'expérience de l'échec – vers l'idée d'un Reich uni. Si le mythe est cultivé par des Français ou d'autres francophones, il est axé sur une idée de l'État-nation enfermée dans ce paradigme d'un État qui forge lui-même sa nation, formant à son tour ses citoyens.

Tout discours qui souligne le non-achèvement de l'unité nationale afin d'en démontrer l'impossibilité risque de reproduire l'idéologie unitariste par la négative. L'essentiel ne porte pas sur le verbe achever, l'achèvement étant impossible en soi. Mais sur le verbe assumer. L'essentiel ne porte pas sur la pensée unique de l'unité, mais sur une communauté de destin concrète, unie dans la diversité à tous les nivaux de la société.

L'unification allemande eut comme corollaire la différenciation. Il ne s'agit pas seulement de différences entre ex-RFA et ex-RDA, mais de diversités tout court. La diversité des provinces telles que la Bavière et la Saxe, le Mecklembourg et la Sarre, le Schleswig-Holstein et le Brandebourg, Bonn et Berlin. La diversité des croyances et des laïcités. La diversité des critiques de notre société et de nos engagements en sa faveur. La diversité de nos déceptions et de nos espoirs.

Mais au sein de cette diversité, nous sommes aussi unis dans une crise commune et dans une nouvelle désorientation. Le doute sur l'avenir de notre société, sur la répartition du travail, de la pénurie et de la richesse, sur l'avenir de notre système social et de l'État providence, sur le devenir de la jeunesse et des personnes âgées, sur l'équilibre entre économie et écologie. Mais cette nouvelle désorientation n'a rien à voir avec l'unification en tant que telle. Elle est le corollaire de notre société, dont le modèle de production et de reproduction, de mise en valeur et de spectacle grince, en Allemagne comme ailleurs.

Voilà donc un défi transnational dont le seul élément « national » consiste finalement en la représentation et la réaction des personnes concernées. Et ceci est une problématique profondément culturelle, au sens le plus large du terme. Elle nous invite à entrer dans le concret de nos cultures politiques respectives en Europe, au-delà des mises en scène, et à envisager une réflexion commune à tous les niveaux.

VII

Mais ceci est un autre sujet. En revenant sur l'espoir exprimé par un grand Allemand au-dessus de tout soupçon nationaliste, Johann Wolfgang von Goethe qui, en 1828, a fait un rêve tant de fois enterré, j'aimerais conclure sur l'Allemagne :

> Cela ne m'effraye pas que l'Allemagne devienne une, surtout si c'est dans l'esprit de l'amour de chacun, et si elle est à jamais une, afin que le Thaler allemand et le Groschen aient la même valeur dans l'Empire. Une, afin que ma valise puisse traverser les pays allemands sans être ouverte[3].

3. « Mir ist nicht bange,/ Daß Deutschland eins werde,/ vor allem/ Sei es in Liebe untereinander – /Und immer sei es eins,/ Daß der deutsche Thaler und Groschen/ Im ganzen Reiche gleichen Wert habe – /Eins, daß mein Reisekoffer/ durch alle deutschen Länder ungeöffnet/ passieren könnte. » Le *Thaler*, aujourd'hui *Taler*, est une pièce d'argent frappée à partir du début du XVIe siècle jusqu'en 1871. Le nom vient de la ville minière de St. Joachimsthal dans les Monts Métallifères (Erzgebirge) ; il a été exporté en Amérique sous forme de « dollar ». Le *Groschen* est une pièce de valeur moyenne le plus souvent en laiton, synonyme en langage parlé, de la pièce de 10 Pfennig. Le mot vient du latin *Grossus*. Le terme reste valable en Autriche où 100 Groschen font un Schilling.

9

Berlin capitale – souvenir d'un débat

Berlin ist der Punkt, von wo man aufbricht
das andere Land zu sehen
sonderbar fern und tief vertraut

Berlin est le point d'où l'on part
l'autre pays à voir
singulièrement lointain et profondément familier

WOLF JOBST SIEDLER

I

Berlin a toujours été une ville plus vraie et plus vivante que les autres. Nulle part ailleurs les défis et les difficultés de l'Allemagne ne me sont apparus aussi nettement.

Au cours de ma vie dans l'Allemagne occidentale d'après-guerre et en d'autres lieux de l'Europe de l'Ouest, je n'ai jamais eu besoin de fermer les yeux pour me convaincre que je vivais dans une ville normale, dans un pays normal. Mais il y avait cette carte d'identité ouest-berlinoise, hors de la norme, que la législation alliée avait tamponnée d'une mention indélébile : *Behelfsmäßiger Personalausweis* : CARTE D'IDENTITÉ PROVISOIRE. Chaque fois que je la regardais, elle me rappelait à l'ordre, celui du désordre. Officiellement, je n'étais qu'un « Allemand provisoire ». Cette précarité de situation ne me gênait nullement à Hambourg, à Sarrebruck, à Paris ou Bonn. Mais à Berlin, je ne pouvais m'y faire.

Ce chapitre est tiré d'un article paru dans *Géopolitique*, Hiver 1993, n° 44, p. 36-38, sous le titre « Berlin ou Bonn ? Est-ce vraiment la bonne question ? ».

Je n'ai pas honte d'avoir eu envie de normalité. Je n'ai pas eu le courage de me mortifier à cause du destin de mon pays. De toute façon, ce destin-là n'épargnait même pas celui qui avait eu la chance de naître « après ». Douze années de folie meurtrière ont marqué ce pays pour mille ans.

Chaque fois que je franchissais la frontière à Lauenburg, à Helmstedt ou à Staaken, chaque fois que j'empruntais la voie de transit, avec interdiction formelle de la quitter, bien qu'elle traversât les douces plaines du Brandebourg, chaque fois que je voyais ce mur et ce chemin de ronde, plaie obscène et béante qui tranchait la ville en deux, qui taillait le pays en deux, alors je pouvais distinguer l'autre visage de ce pays. Le visage d'un siècle au cours duquel l'absurde et la démence s'étaient faits homme. C'était la tête du dieu Janus avec ses deux faces opposées, que Berlin avait pétrifiée. Cela faisait d'elle la capitale du monde.

« Regardez cette ville », disait-on à une certaine époque dans les discours sur Berlin. À ce moment-là, aucun homme politique ne pensait encore accuser Berlin d'être coupable de l'Histoire allemande. À l'époque, un président américain eut même l'extraordinaire idée de se déclarer Berlinois, sous les applaudissements de la nation entière.

Il était tellement évident pour tous que la ville, non seulement portait le fardeau le plus lourd qui fût, mais encore – sans vouloir faire d'emphase – qu'elle le portait pour le pays tout entier. « *Schaut auf diese Stadt !* », s'écriait le maire de la ville encerclée, défigurée et reconstruite sur ses cendres. Ce qui signifiait : « Regardez cette ville, regardez l'espoir qu'elle porte ! » Le destin de Berlin était devenu la raison d'être de toute la jeune démocratie allemande, ainsi qu'une sorte d'avertissement lancinant rappelant que ni la détente avec l'Est ni les accords de transit ne réglaient la « question allemande », et que la paix en Europe n'était qu'une sorte de « non-guerre ».

Symbole de l'absurdité, elle devint le pal enfoncé dans la

chair de la normalité. N'est-ce pas grâce à cette ville-martyre que l'Est n'a pu devenir l'Est et que l'Ouest n'a pu demeurer l'Ouest? Pendant toutes ces décennies de séparation, cette ville n'avait-elle pas sauvegardé la mémoire, le sentiment commun, comme disait l'écrivain berlinois Wolf Jobst Siedler? Et de continuer: «Drôle de ville qui puisait dans tant de sources différentes et qui maintenant doit en unir autant, les monts Métallifères et l'Eifel, l'île de Rügen et celle de Mainau.»

Ce qui était valable pour la politique dans son ensemble l'était également pour la vie quotidienne. Dans cette plaie permanente qu'était le microcosme ouest-berlinois s'installèrent ceux qui tournaient le dos à la normalité ouest-allemande. À leur tour de devenir le pieu planté dans la chair de la société; société par ailleurs toute prête à célébrer l'héritage des avant-gardes culturelles du passé comme le mérite de la nation entière.

Alors que le débat sur la future capitale de l'Allemagne battait son plein, un restaurant connu de Bonn annonça qu'il interdisait désormais ses portes au président Richard von Weizsäcker, lui reprochant d'avoir pris ouvertement position en faveur de Berlin comme capitale. Richard von Weizsäcker n'avait fait que rappeler l'essence des différentes proclamations du *Bundestag* depuis 1949 et le discours qu'avait tenu le maire de Bonn lui-même à l'adresse de M. Gorbatchev avant même le 9 novembre 1989! L'anecdote ne mériterait pas d'être signalée si elle n'illustrait en réalité l'hostilité de Bonn envers Berlin, l'hostilité d'une ville qui s'exprima le 22 juillet 1993, dans sa centième manifestation contre la décision majoritaire du *Bundestag* de transférer le gouvernement à Berlin.

II

Pour les uns, le débat se réduisait à un problème d'argent. «Beaucoup trop cher, ce déménagement!», disaient subitement ceux qui, pendant les vingt dernières années, n'hésitaient pas à demander subventions sur subventions pour construire le « *Gross-Bonn* », le grand Bonn. Cette soudaine rigueur financière, j'aurais tant aimé qu'on en fît preuve avec autant de conviction en d'autres circonstances et à d'autres moments de l'Histoire allemande ! Je me demande vraiment si la culture politique d'un pays – car c'est de cela qu'il s'agit – doit dépendre d'une calculatrice.

Le second groupe d'opposants apportait quant à lui une note de vertu politique au débat. Selon eux, seule Bonn pouvait se porter garante de la nouvelle démocratie allemande, alors que Berlin continuait de représenter l'autre Allemagne, celle du passé ou du futur antidémocratique, celle du centralisme à outrance qui poussa autrefois le pays dans l'abîme. Une démocratie berlinoise mettrait en danger le succès de la jeune démocratie allemande, jusqu'à présent intimement liée à la marque *made in Bonn*.

Où pourtant a-t-on aussi longtemps fait front à la propagande d'Hitler l'Autrichien et de Goebbels le Rhénan ? S'il existe une ville allemande à avoir sauvé l'honneur de la bonne Allemagne, c'est bien celle qui honore la mémoire des hommes du 20 juillet 1944 – ultime résistance allemande face à Hitler. Celle que les ennemis de la République, avant 1933 déjà, regardaient avec méfiance !

Que s'est-il passé ? L'Histoire allemande a-t-elle été réécrite depuis la Réunification ? Tous les discours, toutes les professions de foi des années 1950 et 1960 en faveur de Berlin n'étaient-ils que des mots que personne ne prenait au sérieux, sauf dans la ville-victime ? Je ne voudrais pas être mal compris. Conserver Bonn en tant que capitale et siège du gouvernement ne m'aurait posé aucun problème. Ce qui me choque serait plutôt cette façon de réécrire l'histoire de Berlin et de dire que seule une petite ville rhénane peut être la garantie de notre démocratie. Quelle piètre confiance en notre démocratie que de ne la croire possible qu'à Bonn ! Bonn précisément où, en 1933, un certain Thomas Mann fut déchu de son titre de docteur *honoris causa* par l'université... Bonn, dont les habitants ont eu beaucoup de mal à saisir géographiquement la Réunification. Bonn, qui ne sait pas empêcher les néonazis et les skinheads d'incendier les foyers d'étrangers et ceux de nos compatriotes turcs, se montrant incapable de réagir à temps au retour des démons.

Aurait-il fallu, après 1945, interdire à Munich de conserver son titre de capitale de la Bavière pour avoir été la « capitale » du mouvement nazi et le siège du NSDAP (le parti national-socialiste) ? Aurait-il fallu faire le procès de l'Allemagne du Sud pour avoir été la patrie de la majorité des grands responsables du IIIᵉ Reich ? Aurait-il fallu condamner la Sarre pour son vote massif en faveur de la dictature ? Où sont les villes et les régions d'Allemagne qui pourraient se dérober à la lourde responsabilité de l'Histoire, et en bonne conscience montrer Berlin du doigt ?

« Dans les premières années du régime hitlérien, Berlin et les Berlinois ont eu une attitude d'attente à distance, parfois même de refus clair et net, une attitude humaine au sens fort du mot. D'aucun autre endroit – pas même de ma patrie rhénane – il n'était plus difficile de se séparer. La moitié de notre vie est restée là-bas[1]. » C'est avec ces mots que l'écrivain Carl Zuckmayer faisait ses adieux à Berlin, fuyant devant les nazis.

Berlin était la seule ville d'Allemagne à être qualifiée de « non allemande » par ceux qui aimaient leur pays *über alles*, par-dessus tout. Non-allemande, car habitée par l'esprit de démocratie, de libéralisme et de cosmopolitisme, en un mot ville européenne. Quelle ironie tragique du destin que d'entendre dire aujourd'hui que cette ville qui a engendré la première

---

1. Carl Zuckmayer, *Als wär's ein Stück von mir* (Mémoires), vol. 2, Francfort-sur-le-Main, Fischer Taschenbuch, 1976, p. 474.

Révolution démocratique et pacifique sur le sol allemand est dangereuse pour l'Allemagne. Il existe un texte anonyme de la fin du XIXe siècle qui dénonce amèrement le manque d'empressement évident de la capitale à faire preuve d'esprit «allemand». «Plus on se penche sur le caractère du Berlin d'aujourd'hui, plus on est obligé de constater que ce sont deux villes que nous retrouvons ici sous la forme d'une mixture déplaisante ; dans ce mélange, il y a du Varsovie et il y a du Paris...[2]» Et l'auteur, qui a préféré taire son nom, de critiquer ensuite «la métropole de l'intelligence» soupçonnée d'être sous influence juive. Quelle façon indigne et basse de dénigrer la ville où l'étranger a toujours été roi !

III

Bonn ne me pose pas de problème ? Réflexion faite, si. Deux ou trois questions de confort. J'aurais tellement voulu, pendant les dix années où j'y ai vécu et travaillé, avoir un train direct pour Paris ou Bruxelles et ne pas me retrouver en pleine nuit retenu à Cologne ! J'aurais tellement voulu pouvoir m'acheter un journal le soir après 21 heures ! Ne parlons pas de la difficulté de trouver de la littérature en langue étrangère, même avant l'heure de fermeture des magasins ! J'aurais tellement voulu voir de temps en temps des films en version originale. J'aurais tellement voulu pouvoir trouver de quoi remplir mon réfrigérateur en fin de semaine au retour d'un voyage d'affaires.

J'ai connu Berlin entouré de frontières, j'ai connu la nécessité et la peine de les surmonter. Cela m'avait rendu allemand et européen. Cela m'avait donné la force de partir, alors que normalement, on ne quitte pas une telle ville.

2. Anonyme : *«Berlin die Stimme Deutschlands ?»* (Berlin la voix de l'Allemagne ?), dans *Die Berliner Moderne 1885-1914*, Stuttgart, Reclam Universalbibliothek 8359, 1987, p. 217-220, p. 218.

Non, Bonn ne m'a pas posé de problème. Pas davantage que ce pays tout entier, dans lequel je vis et que j'aime, car je l'assume. Nulle part ailleurs les vices de mon pays ne m'apparaissent plus nettement qu'ici, les vices du confort acquis et des commodités accumulées. La question de la capitale ? Elle ne faisait aucun doute pour moi en ce 9 novembre 1989, devant la porte de Brandebourg, alors qu'avec des milliers d'inconnus je participais dans l'allégresse générale aux funérailles d'une frontière que j'avais vu se dresser sans la comprendre.

Les réactions à Bonn et ailleurs à l'Ouest m'ont rappelé Chateaubriand accueillant la proposition de devenir ambassadeur à Berlin : «J'irais même au diable !». Mais c'était en janvier 1821. Aujourd'hui, les fonctionnaires de l'Ouest n'iraient même plus au diable, à moins qu'on ne leur paye un supplément de risque, qu'on leur assure un plus grand confort et de nouveaux palais, ce qui ne les empêche pas d'insister sur leur statut de fonctionnaires.

Honnêtement, Berlin et l'unité allemande méritent mieux. Elles sont plus qu'une simple réalité allemande, elles contiennent une certaine idée de l'Allemagne, celle d'une patrie européenne dans laquelle se retrouvent un peu de Varsovie et de Paris !

10

Unité, spécificités

Les nouveaux *Länder* à l'est de l'Allemagne réunie ne cessent de confirmer leur double rôle : d'un côté celui de catalyseurs d'une nouvelle unité allemande miraculeusement réussie, toutes proportions gardées. De l'autre, leur rôle spécifique de société particulière et compliquée.

S'il est indispensable de parler de l'aspect unitaire de l'Allemagne, tout en nuançant ses conditions de réalisation qui certes furent et sont encore difficiles, mais non tragiques, il faut aussi évoquer cette identité spécifique de l'est de l'Allemagne ; je le ferai ici à la lumière des élections spectaculaires du 27 septembre 1998, qui virent le pouvoir passer du chancelier de l'unité, le conservateur Kohl, au chancelier social-démocrate Schröder. Ce que ces élections ont bel et bien illustré, c'est que cette Allemagne de l'Est fait montre d'un caractère propre, d'un profil propre, mais d'un profil tellement flou qu'il est opportun de poser la question suivante : *dix ans après, quelle identité pour les Länder de l'est de l'Allemagne ?*

Ce chapitre reprend le texte d'une conférence donnée par l'auteur à Dijon, le 15 décembre 1998, à la Maison de la Rhénanie-Palatinat, sous le titre « 10 ans après, quelle identité pour les *Länder* de l'est de l'Allemagne ? ». Le texte est paru sous le même titre dans *Documents. Revue pour les questions allemandes*, n° 1, 1999, p. 102-111.

Plus d'une décennie après la chute du Mur et la première fête de l'unification sous la porte de Brandebourg à Berlin, que reste-t-il de l'ancienne euphorie face au renouveau et à l'unité retrouvée, que l'on célébra à Leipzig en s'écriant : « *Wir sind ein Volk* », « nous sommes un peuple » ? Que reste-il du rêve de ces horizons pleins de promesses ? Ce qu'il en reste fut en quelque sorte illustré par les résultats des dernières élections : les lendemains qui déchantent à l'Est ont contribué largement à la chute du gouvernement Kohl et à l'arrivée au pouvoir de ces forces politiques qui – quelle ironie de l'Histoire – avaient manifesté en 1989 et 1990 la plus grande réticence envers l'unification allemande.

Dès 1993, pour le troisième anniversaire de l'adhésion de l'ex-RDA à la RFA, la *Frankfurter Allgemeine Zeitung* titrait à la une la phrase suivante : « Ce qui reste, c'est un quotidien encombrant ». C'était seulement quelques mois après que Günter Grass, critique de la Réunification dont les paroles portent des deux côtés du Rhin, eut écrit, dans son poème politique *Pays de novembre : 13 sonnets*, les vers suivants :

> Divorcés sont le pays et les gens
> Comme homme et femme après un bref mariage.
> Pauvre était la moisson, riche le butin.
> Ah ! La *Treuhand* (Agence fiduciaire) nous a plumés.
> Celui qui décapite les tournesols sur un simple soupçon
> Manquera de témoins, il sera pris par la meute.

Aujourd'hui, le quotidien de ce pays est devenu encore plus encombrant : un salarié sur trois de plus de cinquante ans est au chômage ou en préretraite, c'est-à-dire qu'à l'Est, toute une génération potentiellement active est mise hors circuit. Des régions entières comptent jusqu'à 30 % de chômeurs. En 1998, dans des sondages, seule une personne sur deux se déclarait satisfaite de son sort ; un quart de la population avait le sentiment croissant d'être du « mauvais côté de la vie » ; 73 %

des chômeurs se déclaraient déprimés et amers ; les plus heureux ont entre 18 et 29 ans.

D'un autre côté, une reconstruction massive et un gigantesque transfert technique, financier et industriel de l'Ouest vers l'Est, uniques dans l'histoire européenne, ont transformé les paysages urbains de l'est de l'Allemagne. Des centres-villes historiques, tels ceux de Dresde, Leipzig, Erfurt, Görlitz, Schwerin et autres renaissent aujourd'hui à une vie nouvelle. Ainsi la ville de Görlitz, véritable perle de l'âge baroque, fut-elle sauvée à la dernière minute de la ruine ; ce qui vaut également pour Erfurt, Leipzig ou Wismar, pour ne donner que quelques exemples. Mais parlons également des fausses reconstructions ! Sont-elles vraiment nécessaires, ces innombrables tours de bureaux post-modernes et autres constructions flambant neuves qui ne trouvent pas de locataires et ne se justifient que par les déductions fiscales auxquelles elles donnent droit à ceux qui investissent à l'Est ? Faut-il vraiment démolir les jardins d'école et les transformer en chantiers de futurs bâtiments destinés aux célibataires et aux couples sans enfants ? Faut-il vraiment tisser ce réseau de communication *high-tech* sophistiqué, avec ou sans fil, à l'heure où les gens perdent le sens et le loisir de se parler ? Faut-il vraiment construire à l'extérieur des villes des centres commerciaux géants qui n'ont rien à envier à leurs homologues américains, pour laisser s'éteindre, ou même pas naître, les petits magasins indispensables à des quartiers et à des centres-villes vivants, et tuer dans l'œuf une classe moyenne émergeant difficilement, dont la société est-allemande a pourtant tant besoin ?

Depuis 1990, l'évolution est donc porteuse de grands paradoxes. D'un côté, on a rapidement aboli d'anciennes réalités et irréalités spécifiques de la RDA communiste. D'innombrables domaines de la société se sont convertis en un temps record aux standings matériels et immatériels ouest-allemands. Tout a été importé de l'Ouest ou adapté aux normes de l'Ouest, et ce parfois d'un jour à l'autre : les systèmes économique, social et politique dans leur ensemble, y compris les partis, tous les niveaux de l'administration, l'enseignement – de l'école primaire à l'université, y compris l'enseignement religieux –, les caisses maladies, les assurances en tout genre, les impôts d'Église qui n'existaient pas dans la « laïque » RDA, la consommation, les loyers, etc., et même les feux tricolores. Du berceau à la tombe, la vie de chacun fut politiquement, socialement et administrativement « occidentalisée ». On a changé les lignes de bus, les noms des rues et des places, les conditions de travail, les manuels scolaires... Bref, la vie quotidienne de chacun, quel que soit son âge, a été modifiée du tout au tout en un temps record. Ce fut un bouleversement dont l'ampleur sociale et psychologique demeure gravement sous-estimée, surtout en Allemagne de l'Ouest. On est allé jusqu'à légiférer sur la restitution d'anciennes propriétés privées, ce que même la Restauration monarchiste française de 1815 n'avait osé entreprendre. Ou pensons au retour de l'Alsace dans le giron de la République française : la République respecta certaines dispositions de l'ancien ordre ecclésiastique et social du pays réintégré.

Sous cet aspect-là, le pays légal que fut la RDA n'existe plus et ne réapparaîtra pas. Par conséquent, le terme « ex-RDA » ou « ancienne RDA », souvent employé pour désigner et identifier cette partie orientale de l'Allemagne, pose certains problèmes. Il met l'accent sur une vision passéiste des choses et ne correspond plus qu'en partie à la réalité de ces contrées orientales. Tant de choses nouvelles sont apparues, visibles même pour celui qui ne veut pas voir que ces mots, ne se référant qu'au passé, ne signifient plus grand-chose. Que peut faire une étudiante de Dresde âgée de vingt ans, qui en avait donc quatorze au moment du « tournant » et qui, en 1998, revient tout juste d'un séjour d'études à Madrid financé par une bourse européenne telle Erasmus ou Socrate ? Que peut-elle faire de l'étiquette d'«ancienne citoyenne de la RDA»? Sans parler de ceux qui aujourd'hui viennent d'entrer pour la première fois à l'école. Au risque de choquer, je pose la question en d'autres termes. Aurait-on eu le droit, à peine dix ans après l'écroulement du Troisième *Reich*, de nommer la RFA, l'Allemagne de l'Ouest, «ex-Troisième *Reich*»? Ou pour le sud de la France, dix ans après la Libération, de parler de «ex-France de Vichy». Bien sûr que non.

Pourtant, comme le dit le philosophe Alain, la vérité est dans la nuance. Le terme «ex-RDA» demeure une expérience collective pour le moins étrange, en ce qu'elle continue à forger une identité et un lien social singuliers, à travers différentes expériences, différents souvenirs et faits donnés.

Prenons l'architecture urbaine tels les *Plattenbauten* en béton type RDA, dans le style des HLM, qui marquent les banlieues des villes d'une tout autre manière que les banlieues de l'Ouest. Prenons les villages, les paysages et les allées encore à l'abri d'une rationalisation moderniste, et qui se démarquent agréablement des campagnes rationalisées et urbanisées d'Allemagne de l'Ouest.

Prenons l'absence de religion ou plutôt la majoritaire non-appartenance des populations est-allemandes à l'une des grandes Églises chrétiennes, héritage direct de la politique de déconfessionnalisation de la RDA. Oui, les nouveaux *Länder* sont des pays majoritairement non chrétiens, en tout cas d'esprit laïc. La *Jugendweihe* (consécration de la Jeunesse), cette ancienne célébration officielle d'initiation des jeunes à la société dite socialiste, quasi obligatoire du temps de la RDA, existe toujours, mais aujourd'hui avec un rite purement laïc, et ce à titre volontaire. Celui-ci remplace la confirmation des protestants ou la première communion des catholiques, et est maladroitement interprété aujourd'hui par les Allemands de l'Ouest comme un rite communiste. Loin de là! ce rite s'est tout simplement installé à la place du vide laissé par l'absence d'Églises officielles, motivé par le besoin qu'ont les jeunes et les familles d'un rite d'initiation, surtout lorsque celui-ci s'accompagne d'un flot de cadeaux. Et il témoigne de ce sens de la laïcité qui rend par exemple incompréhensible que l'État ait le droit de prélever des « impôts » au bénéfice des Églises (*Kirchensteuern*).

Prenons les institutions sociales comme la *Volkssolidarität* (Solidarité populaire), organisme de charité sociale auquel les organismes ouest-allemands, tels la *Caritas* ou la *Arbeiterwohlfahrt* (Bien-être ouvrier), n'ont pas pu enlever la position centrale qu'elles occupaient parmi les œuvres sociales. Ou encore le cas du *Schulhort* (Abri scolaire), cette institution inexistante à l'Ouest qui, pour les jeunes écoliers, est à la fois une cantine le midi et une garderie l'après-midi.

Prenons les valeurs. Tous les sondages des dernières années ont confirmé que l'Allemagne de l'Ouest et l'Allemagne de l'Est ne se réfèrent pas toujours aux mêmes valeurs politiques et idéologiques. L'Est ne partage pas avec l'Ouest le catalogue de valeurs classiques de ce dernier, axé sur des notions telles celles de liberté ou d'État de droit. À l'Est, les gens donnent la priorité à des valeurs et à des fins telles que celles de justice sociale (*soziale Gerechtigkeit*), d'égalité (*Gleichheit*) ou de solidarité (*Solidarität*). Ces mots ont certes une valeur en soi, mais ils furent aussi des points d'ancrage dans l'arsenal idéologique et constitutionnel de la RDA.

Ou prenons la langue. Nous avons affaire à toute une gamme d'expressions employées dans les domaines officiel et privé en RDA, qui ont survécu à la chute du régime et qui restent monnaie courante dans le langage. Aux oreilles ouest-allemandes, elles prennent une résonance exotique, voire incompréhensible. *Havarie* pour « panne technique », *Dispacher* pour « coodinateur-contrôleur », *Theateranrecht* pour « abonnement au théâtre », *Objektleitung* pour « comité de direction », *Goldbroiler* pour « poulet rôti », *Winkelemente* pour les petits drapeaux que l'on tient à la main, par exemple pour les défilés du 1er mai. Ou *Jahresendfiguren mit Flügeln* pour les anges de Noël en bois. Dans la ville de Halle, il existe un centre linguistique qui s'est spécialisé dans les idiomes de l'ex-RDA. Il sert même d'interprétariat en cas d'urgence. Pour le mot de *Trabbi* on n'en a certes pas besoin ; dans ce nom de voiture résonne toute la légende de l'ancienne RDA, mais aussi de la *Wende*. Il y a aussi de nouveaux termes, liés à l'existence de la RDA et créés après son implosion : par exemple la *Gauck-Behörde* (Administration Gauck – du nom de son directeur), ce centre de documentation spécialisé dans la gestion des dossiers de la *Stasi*, ou la *Treuhand*, grande agence fiduciaire de redistribution des propriétés et des entreprises d'État de la RDA.

Prenons maintenant la mémoire. Il y a toujours, et il y aura encore pour longtemps une « mémoire RDA », incarnée dans la mémoire de plusieurs générations. Et cela ne concerne pas seulement la RDA telle qu'elle continue à exister dans la mémoire de ses anciens sujets et dignitaires, ses anciens partisans et anciennes victimes. Cela concerne toute l'histoire allemande, surtout celle de ce siècle sanglant : cet État qui se vantait d'être le « premier État allemand ouvrier et paysan », ou « premier État allemand socialiste », ne s'est jamais reconnu officiellement responsable de la « Shoah ». En est résulté un « anti-fascisme » officiel qui fut le paravent idéologique commode du totalitarisme rouge et qui a en quelque sorte protégé ces Allemands nés pendant ou après la guerre, mais nés sur le futur sol « anti-fasciste », contre les peines de la *Vergangenheitsbewältigung* et de la *Trauerarbeit*, cet effort consistant à faire son deuil du passé, à le surmonter. Cette absence de conflit séculaire entre la génération des pères et des fils, qui a douloureusement imprégné les années 68 en Allemagne de l'Ouest – donc capitaliste, donc responsable –, cette absence de conflit marquait et marque encore, elle aussi, la « mémoire ex-RDA ».

Pour un Allemand de l'Est comme pour un Allemand de l'Ouest, tout cela se ramène toujours à la RDA, mais pour les deux, la connotation est différente. Est-ce uniquement une affaire d'identité de l'ex-RDA ? Pour la langue, peut-être. Mais pour le reste ? Un Français arrivant dans cet univers de l'« ex-RDA » ne se sent-il pas un peu chez lui en découvrant ce sens de la laïcité et de l'égalité, les banlieues en béton mais aussi le vieillissement visible des bâtiments en ville comme à la campagne, une campagne encore loin de la ville, parsemée de vieilles allées et de villages qui ressemblent plus à la France profonde qu'aux villages systématiquement « embellis » en Allemagne de l'Ouest. Il y retrouvera aussi le chômage excessif des jeunes, les problèmes des jeunes banlieusards, un certain sens du centralisme, ainsi que cette supportable légèreté du passé, drapée dans la bonne conscience de l'« anti-fascisme » historique.

Mais là où il y a aussi persistance de l'ancienne RDA, c'est dans une curieuse et brutale absence. Chez nombre de gens, le passé a subi un refoulement très rapide, comme s'il n'avait jamais existé, comme si la *Trauerarbeit*, le « travail de deuil » sur le passé, ne s'imposait pas. C'est de façon comparable que les Allemands de l'Ouest des années 1950 gérèrent le souvenir de la dictature nazie, ou que de nombreux Français occultèrent le régime de Vichy.

À long terme, ce refoulement réclamera son tribut au travail d'assimilation, voire de deuil qui, s'il a lieu un jour, restera une affaire strictement liée à l'héritage identitaire de l'ancienne RDA. Mais ce refoulement de la réalité vécue au temps de la RDA, y compris des petites et grandes mesquineries, humiliations, se prête facilement à un mouvement inverse, aussi illusoire que le premier : c'est-à-dire à la glorification nostalgique du passé, qui est l'inverse d'un travail de deuil non accepté.

À l'identité quasi naturelle de l'ex-RDA s'est donc ajoutée, en restant inscrite à l'intérieur des frontières de l'ancienne

RDA, une propre conscience identitaire, liée dans ce cas à la mémoire de la RDA ou à une mémoire peut-être faussée, mais complétée par d'autres valeurs. En implosant, l'«identité RDA» avait peu à peu mis l'accent sur une particularité quasi «régionale», dans laquelle continue à peser l'héritage de la RDA en tant que pays réel. C'est ce que révèle la continuité indiscutable du PDS (Parti du socialisme démocratique), successeur direct du parti d'État communiste de la RDA, qui a juste changé de nom ; cette continuité en tant que parti presque exclusivement est-allemand renforce l'image d'une particularité ex-RDA dépassant aujourd'hui les seules frontières de l'ex-RDA. Actuellement, non seulement le PDS figure à part entière ou comme partenaire silencieux dans des gouvernements de certains nouveaux *Länder*, mais depuis les élections de 1998, il est également devenu un parti politique reconnu en tant que groupe parlementaire au *Bundestag*. Ce succès politique du PDS est lié à une certaine reconsidération de feu la RDA. Tout n'était pas aussi mauvais, déclare un certain discours «*ostalgique*», c'est-à-dire nostalgique de l'Est au sens de la RDA. Cette reconsidération positive de feu la RDA motive même la proposition d'une parlementaire PDS au Bundestag : amnistie et indemnisation des fonctionnaires et agents *Stasi* de la RDA condamnés depuis 1990, proposition qui provoqua peu de violentes protestations outre-Rhin.

Ce nouveau phénomène, qui consiste à se distinguer consciemment et même politiquement de «ceux de l'Ouest» a des causes diverses : on refuse en partie de ne pas assumer son passé, ce que je ne condamne pas mais que je tente d'expliquer. On est frustré par les nouvelles conditions de vie, apparues parfois trop rapidement, liées aux espoirs déçus ou même aux promesses non tenues ; on est déçu par un capitalisme survenu au moment où il perdait son caractère social ; on réagit avec une fierté blessée vis-à-vis de *Wessis* dont le comportement ou le désintérêt font en quelque sorte sursauter, donnent aux «Ossis» l'impression de ne pas être pris au sérieux à l'Ouest – ou simplement la sensation d'être «différents» des autres. Et aujourd'hui, les anciens citoyens de la RDA n'ont plus aucun problème à se qualifier, avec une certaine fierté teintée de provocation, d'*Ostdeutsche*, d'Allemands de l'Est, d'Ossis. En même temps, et plus que par le passé, on a bien le sentiment d'être allemands, mais moins *Bundesbürger*, «citoyens de la République fédérale».

En tout cas, qu'on l'accepte ou non, ce qui est le plus fort, c'est le sentiment de ne pas vivre en phase avec les anciens espoirs, les anciennes attentes, et surtout le sentiment que le discours ouest-allemand passe à côté d'expériences, d'émotions et de souvenirs liés à 40 ans de RDA. «Ils ne nous comprennent pas», «nous sommes différents»... Voici ce à quoi se résument ces signes de différenciation. Cette dernière reste confirmée par les Allemands de l'Ouest. Le 7 décembre 1998, la *Frankfurter Allgemeine Zeitung* titrait à la une : «*Kein glückliches Land*» – «Un pays qui n'est pas heureux». Pour dire entre autres : «L'économie n'est pas tout. Tant que des Allemands de l'Ouest – et ceci concerne surtout les jeunes – seront vexés quand on les prend pour des "*Ossis*", l'unité intérieure ne sera pas achevée, l'Allemagne ne sera pas un pays heureux. »

Le terme «ancienne» ou «ex-RDA» couvre donc toujours, ou de nouveau, les réalités et les expériences, visibles ou sous-jacentes, d'outre-Rhin ; mais seulement en partie. En fin de compte, il ne couvre qu'une identité limitée, passéiste et liée à un héritage spécifique. Ce sont donc d'autres termes qui ont à co-couvrir l'identité de notre champ d'investigation. L'un de ces termes pourrait être celui d'Allemagne de l'Est. *Ostdeutschland*, avec le préfixe *Ost*, terme qui en réalité évoque des données aussi bien géographiques que politiques, mais d'une façon plus neutre. Terme pratique pour la politique, l'administration et le service public qui gèrent le *Aufbau Ost*, la reconstruction de l'Est, l'*Osthilfe*, l'aide pour l'Est, et le BAT-

Ost, les conventions collectives pour les employés à l'Est. On parle également d'*Ostbeauftragte* pour désigner le plénipotentiaire chargé de l'Est, ou même d'*Ostgaumen* (palais oriental), comme le fit récemment un article en indiquant que les *Menschen im Osten*, les Allemands de l'Est, ont un palais plus sensible aux sucreries que leurs voisins de l'Ouest – ce qui d'ailleurs est très vrai pour les Saxons, mais depuis toujours.

Dans cette région même, en cette Allemagne de l'Est, une nouvelle identité, loin d'être négative, s'affirme à travers des mots, tels *Ostprodukte*, produits de l'Est ; il s'y manifeste une fierté nouvelle pour le travail accompli. D'autant plus qu'aujourd'hui l'utilisation du mot « ouest-allemand » ne suscite plus de sentiment de jalousie plus ou moins camouflé. Il est né une sensibilité propre aux Allemands de l'Est qui, au dire des sondages, révèle l'existence de profils différents, mais qui tous se démarquent de l'Ouest. Or cette sensibilité « est-allemande » devient artificielle quand on ne l'analyse pas en fonction de l'âge et des catégories professionnelles, car des contradictions flagrantes surgissent entre les différents groupes de population. Retenons généralement que les jeunes en dessous de trente ans ressentent de moins en moins la nécessité de s'affirmer à travers une identité « est-allemande ». Ce sont surtout les campus universitaires qui sont devenus des lieux où le métissage entre « est » et « ouest » est en avance sur tous les autres secteurs de la société. Mais gare aux illusions ! Le haut pourcentage de jeunes chômeurs en Allemagne de l'Est, beaucoup plus élevé qu'à l'Ouest, et donc comparable à celui de la France, correspond aussi à un courant de jeunes se réclamant de l'Est ; ceux-ci se réfugient dans la frustration, la protestation et la provocation, et lorsqu'ils se qualifient d'*ostdeutsche Jugendliche* (jeunes est-allemands), cela peut prendre une teinte particulièrement militante.

Gare aussi à la fausse homogénéité que risque de projeter le terme *ostdeutsch*, « allemand de l'Est ». Malgré son lien unificateur, l'actuelle Allemagne de l'Est dispose d'une expérience collective indiscutablement *plurielle*. Berlin-Est et la Lusace (Lausitz) sont bel et bien deux mondes différents qui ne partagent pas une commune *Ostalgie*. Et comment mettre sur le même plan le Mecklembourgeois avec son dialecte *platt* (Plattdeutsch, l'allemand du pays plat, le dialecte du Nord), le Sorabe *(Sorbe)* de la Haute Lusace parlant sa langue slave, ou le Saxon de Chemnitz avec son parler saxon? Il y a donc une autre réalité incontournable. Précisément celle de la *diversité*, qui différencie les uns des autres, Saxons, Mecklembourgeois, Thuringeois, Brandebourgeois, Saxons-Anhalt ou Sorabes. Cette réalité *régionale*, nouvelle et ancienne à la fois, est partout fondamentalement présente, même si elle est vécue de manière moins prégnante à l'Ouest de l'Allemagne ou en France.

Ce qui a renforcé et institutionnalisé cette diversité naturelle, c'est le rétablissement le 22 juillet 1990 des cinq *Länder* de Saxe, Thuringe, Saxe-Anhalt, Brandebourg et Mecklembourg-Poméranie-Occidentale. Cette œuvre de la première Chambre du Peuple librement élue en RDA répondait au besoin de forte identité régionale qu'avait la population, ce qui peut surprendre un observateur extérieur. Entre l'implosion de l'ancienne RDA, dont elle seule fut responsable, et la mainmise de la RFA sur la RDA, organisée par la *Treuhand* et les cadres de l'Ouest, s'est affirmée la nouvelle identité de ces anciens *Länder* que la RDA avait abolis en 1952 en faveur d'un nouveau découpage artificiel en districts, inspiré par le jacobinisme communiste. Et cette régionalisation, dans la tradition du fédéralisme allemand, a également rencontré un écho chez les plus jeunes, qui n'avaient pourtant aucun souvenir de cette époque où les *Länder* avaient une existence réelle, avant 1933.

Ces *Länder* ne se sont pas contentés d'avoir recours à leurs anciennes constitutions de 1946-1947, restées valables jusqu'à leur abolition. La Thuringe, la Saxe-Anhalt, le Mecklembourg-Poméranie-Occidentale, le Brandebourg et la Saxe ont préféré créer de nouvelles constitutions fédérales ; celles-ci ont fait de larges concessions à leurs propres conceptions de l'État, de la démocratie et de leurs objectifs, énoncées en 1989-1990 par les mouvements des droits du citoyen (*Bürgerbewegungen*) et marquées par l'expérience de la RDA. La troisième Constitution de la RDA de 1974 assignait en effet à l'État des objectifs sociaux assez considérables, qui sont demeurés étrangers à la Loi fondamentale de la RFA, marquée quant à elle par le seul droit constitutionnel. Il s'agit là de revendications, telles que le droit au travail ou le droit au logement, qui ne peuvent effectivement donner lieu à une action en justice. Ces objectifs devaient en outre se voir entérinés par d'éventuels plébiscites qui eux non plus ne sont pas prévus par la Loi fondamentale.

Voilà pourquoi la diversité des constitutions régionales a laissé apparaître une dimension rarement saisie, par les Allemands de l'Ouest comme par les Français ; cette dimension concourt à une nouvelle identité n'obéissant à aucun raisonnement politique. On l'a bien vu, par exemple, lorsque les Brandebourgeois se sont opposés à la fusion pourtant logique de leur *Land* avec Berlin, la mal-aimée. On se sent donc tout d'abord brandebourgeois ou saxon, puis allemand, puis européen, et ensuite seulement citoyen de la République fédérale.

C'est ainsi que s'est formé un nouveau terme, censé rendre compte des réalités et des sensibilités est-allemandes, à la fois variables et globales : celui de « Nouveaux *Länder* », devenu une formule quasi officielle et terriblement efficace, indispensable aujourd'hui à tout travail statistique ou à n'importe quel ouvrage spécialisé. Idéologiquement et politiquement neutre, ce terme de « nouveaux *Länder* » (*neue Länder*) souligne la différence d'avec l'ancienne RFA ; il n'a aucune connotation péjorative, mais laisse apparaître la diversité des *Länder* comme une donnée ouverte.

Si l'unification allemande, telle qu'elle s'est faite, est un miracle politique, un heureux événement dans l'histoire allemande et européenne, et qu'il y a de nouveau un État et toujours un peuple, il faut bien voir les distinctions, les différences, les clivages et les spécificités. La notion de peuple en Allemagne diffère de la notion française. Elle ne décrit nullement un ensemble homogène, surtout pas dans l'histoire du peuple allemand, qui existe depuis longtemps en tant que peuple, mais qui a toujours dû et pu vivre dans des sous-ensembles régionaux, qu'ils soient territoriaux ou culturels, voire linguistiques. Avant 1990, nous avions affaire à deux États allemands, avec un même peuple ; dès 1990, nous avons eu affaire à un seul État avec un même peuple. Mais d'autres spécificités ont supplanté les anciennes spécificités régionales allant du nord danois au sud bavarois, et du Rhin romantique aux marches poméraniennes : un clivage suprarégional est-ouest, fondé sur les résidus et les souvenirs de 40 ans de RDA. Ni plus ni moins...

TROISIÈME PARTIE

Dans le miroir de l'autre

11

Pour une *Ostpolitik* franco-allemande

Ainsi serait garantie la sécurité de tous entre l'Atlantique et l'Oural et créé dans la situation des choses, des esprits et des rapports un changement tel que la réunion des trois tronçons du peuple allemand y trouverait sans doute sa chance[1].

Charles de Gaulle[1]

1. PRESSENTIMENTS

I

S'il y a un domaine où toutes sortes de malentendus franco-allemands sont plus ou moins focalisés, c'est bien celui d'*Ostpolitik*. Sans trop m'avancer ici dans le champ des craintes françaises, généralement ressenties du côté ouest-allemand – à tort ou à raison –, comme de simples projections franco-parisiennes sur l'Allemagne occidentale, je me bornerai à citer

Ce texte reproduit la contribution de l'auteur au colloque « Malentendus franco-allemands », journée de réflexion organisée par la Fondation Saint-Simon à l'hôtel Lutétia, à Paris le 7 octobre 1989. Le texte n'ayant pas trouvé à l'époque l'écho voulu (40ᵉ anniversaire de la RDA), il n'a pas alors pu être publié. L'ambassadeur d'Allemagne de cette époque était lui-même parmi ceux qui contestaient l'analyse de l'auteur à propos d'une fin possible de la RDA et d'une éventuelle unification allemande.

1. Charles de Gaulle, *Mémoires d'espoir 1, Le Renouveau, 1958-1962*, Paris, Plon, 1970.

un exemple. Tirée d'un bestseller français, cette citation révèle une grande illusion, car elle propose au lecteur un véritable conglomérat d'associations diverses allant de la forêt allemande à Rapallo : « L'amour de la nature mène à la haine du nucléaire, celle-ci au pacifisme et celui-là au découplage. Voilà comment une société civile démocratique devient par sa vitalité même le meilleur allié de l'Union soviétique, le seul pays sans vraie société civile[2]. »

Je cite ce passage sans faire de procès d'intentions à l'auteur, avec lequel je ne suis pas d'accord, et dont les propos et conclusions en vue d'un « banco franco-allemand » me rappellent cette phrase malicieuse de Benno Reifenberg de 1953 : « L'Allemagne reste toujours le foyer d'infection qui provoque la fièvre de la France. La France voudrait enfermer les Allemands en Europe, comme dans une cage. Mais, pour y parvenir, il faudrait qu'elle s'y enfermât aussi. Car on ne peut trouver l'Europe que là où la France et l'Allemagne vont la main dans la main[3]. »

L'Europe comme arrière-pensée ? Cette idée n'est pas si mauvaise, et Paul Valéry ne devait pas avoir tort lorsqu'il disait que les seuls traités valables sont conclus avec des arrière-pensées. Tout le problème serait donc de discerner les arrière-pensées ici en cause. En passant rapidement en revue certains clichés et préjugés français concernant le voisin ouest-allemand, on risque d'être pris de vertige face à un océan de contradictions[4]. Récapitulons quelques-uns de ces cauchemars français.

---

2. Alain Minc, *La grande illusion*, Paris, Grasset, 1989, p. 35-36.

3. Article tiré de la revue *Gegenwart*, cité dans *Documents*, n° 2/3, février/mars 1953, p. 116.

4. Voir mon analyse plus approfondie « Du rôle des grandes incantations. Point de vue allemand à partir d'une expérience transnationale », dans *Cosmopolitique, Actes du colloque « L'Europe de la pensée, l'Europe du politique »*, Albi, 5-6 mai 1989, numéro spécial, août 1989, p. 41-54, et 175-177.

Si les uns souffrent du proatlantisme ouest-allemand, les autres conjurent l'antiatlantisme du voisin d'outre-Rhin. Ce qui apparaît aux uns comme un mondialisme économique désengagé vis-à-vis de l'Europe se révèle être pour les autres le recentrage des exportations ouest-allemandes sur la Communauté européenne. Pour les uns, c'est l'hégémonie de la RFA sur la CEE (désormais UE), pour les autres son découplage de la CEE, son hégémonie sur la *Mitteleuropa*, sa dérive vers les plaines de l'Est. Les uns sont traumatisés par la vision d'une Allemagne unifiée comptant 60 plus 17 millions d'habitants créant à ce titre un déséquilibre en Europe, les autres craignent plutôt une Allemagne dont la population chuterait à 38 millions en l'an 2030 à cause du déclin démographique. Les uns sont tourmentés par l'image d'une RFA décadente minée par le doute, le pacifisme, un nouveau laxisme et l'hédonisme, les autres craignent une RFA heureuse et dynamisée, sûre d'elle-même, renforcée par des millions de réfugiés. Si les uns ont souffert du manque d'*Ostpolitik* de la RFA, les autres s'inquiètent de son *Ostpolitik* tout court.

J'arrête là cette liste qui pourrait être beaucoup plus longue. Ce qui complique parfois la perception du problème, c'est que ce sont les mêmes personnes, à intervalles réduits et réguliers, parfois même simultanément, qui expriment ces cauchemars si contradictoires. Mais ne vaut-il pas mieux exprimer certains cauchemars que de les refouler ? Il faut en débattre et les surmonter en commun. En tout cas, nos exemples arbitraires montrent que « l'esprit cartésien » peut aussi être tourmenté de la même manière que « l'âme allemande ». Ceci est compréhensible tant l'objet qui nous occupe et nous préoccupe se révèle être compliqué.

L'Allemagne se retrouve là où elle est depuis ses origines : au centre de l'Europe, entourée de voisins, venue un peu trop tard pour prendre place dans le concert des nations modernes, toujours à la recherche d'elle-même car – d'après une phrase de Robert Aron écrite en 1946 : « Contrairement à l'homme français qui a été fait par la patrie française, l'homme allemand, par une opération inverse, a dû fabriquer et doit sans cesse refabriquer sa patrie[5]. » Tout le problème ne réside-t-il pas là ? Ou l'Allemagne dérange par son existence même, qui risque de créer un déséquilibre, ou elle dérange par sa non-existence, qui ne risque pas moins de provoquer un déséquilibre.

II

Ce problème semblait résolu avec les conséquences de « Yalta ». L'Europe fut divisée en deux, deux États allemands furent soigneusement ancrés dans leur partie respective, l'un braqué contre l'autre, comme l'était l'Europe tout entière. Pour le premier, la RFA, cet ancrage a signifié une transformation profonde de la société civile et de la culture politique en une démocratie dite de type occidental. Ce fut un processus plus complexe et plus douloureux qu'on ne le pense souvent et une réalité quotidienne dans le sillon de l'intégration ouest-européenne du même type. Pour l'autre État, la RDA, l'ancrage dans son propre monde a pris la forme d'une identité non moins complexe, mais assez artificielle et superficielle. Pour sa population, le slogan « go west » est resté et devenu beaucoup plus qu'une marque de cigarette.

Une situation s'était donc installée dans l'Europe entière qui, dans l'optique de l'histoire européenne millénaire, paraissait d'autant plus absurde qu'elle servait en même temps de garant à la stabilité, à la « non-guerre » et à une nouvelle normalité. Qui aurait pu imaginer une telle évolution ? Pas même ceux qui en France, avec en tête le souvenir de la division de leur pays en une zone occupée et une zone non occupée,

5. Robert Aron, « Unité allemande ou fédéralisme », La NEF, n° 22, septembre 1946, p. 46-56, p. 46.

rêvaient d'un démembrement total du voisin allemand. À l'époque, Maurice Duverger, l'un des rares partisans français de l'unité allemande, essayait de faire comprendre à ses compatriotes une situation qui commençait à se stabiliser et qui n'en paraissait pas pour autant moins absurde :

> Supposez que la France soit coupée en deux par une frontière allant de Nantes à Genève, qu'un État du Sud y soit constitué, absolument séparé du Nord ; que cependant une dizaine d'arrondissements de Paris soient placés sous la juridiction de l'État du Sud, unis seulement à lui par une communication aérienne et ravitaillés par cette seule voie : vous jugeriez qu'une telle division est absurde, qu'une situation pareille est intolérable ; et si quelqu'un prétendait la consolider et la pérenniser vous auriez des doutes sur son équilibre mental. Or ce n'est qu'une transposition fidèle de la solution qu'on prétend apporter aujourd'hui au problème allemand[6].

Nous savons tous que ce fut cette même « solution du problème allemand » qui s'est consolidée par la suite. La pérennité est là. Elle a pu intervenir, non seulement parce qu'elle était voulue par ceux qui entendaient cerner leurs chasses gardées européennes respectives, mais encore parce que la solution satisfaisait à sa manière les aspirations de ceux qui préféraient deux Allemagnes à une seule. Cependant, elle a surtout pu s'installer parce qu'au fond, les Allemands des zones occidentales ont eux-mêmes volontairement fait – certes sans enthousiasme, mais avec conviction – un choix historique : ils ont préféré la liberté à l'unité nationale de type classique et ont de cette manière rejeté en majorité toute tentation de « Rapallo », comme le relatait le correspondant du *Monde* à Francfort le 6 mai 1949[7]. Mais ne nous trompons pas sur le fond : ce choix n'a jamais signifié un accord de principe

---

6. « Une seule Allemagne », *Le Monde*, 12 avril 1949.

7. Alain Clément, « Les Allemands ne croient plus à Rapallo », *Le Monde*, 7 mai 1949.

à une véritable division organique absurde, que ce soit du corps allemand ou du corps européen.

En se prononçant pour l'Occident et contre la tentation d'un double jeu puéril entre l'Est et l'Ouest au risque de perdre son premier printemps démocratique, les Allemands des zones occidentales ont pourtant espéré que la division de l'Europe en deux parties, y compris de leur nation au centre du continent, ne serait qu'une parenthèse dans l'histoire, et tout un chacun les a confirmés dans cette option. Pour mieux comprendre et ne pas se résigner à un fatalisme historique, il leur a parfois fallu certains coups de main amicaux. Il leur a par exemple fallu un grand Français ne cessant de porter l'appel de l'Est à Bonn pour que la RFA ne s'enferme pas sur un balcon ouest-européen donnant sur l'Atlantique risquant d'approfondir la division européenne et allemande, pour que ces Allemands de l'Ouest comprennent que l'intégration ouest-européenne et atlantique ne doit pas forcément être un ghetto occidental et que l'identité européenne, y compris allemande, ne s'arrête pas à l'Elbe.

Cette *Ostpolitik* d'abord française, puis ouest-allemande, ouest-européenne et atlantique, n'a pas seulement aidé à redessiner l'identité européenne et à rappeler aux Allemands de l'Ouest que les pères fondateurs de l'Europe, sur les ruines même de la Deuxième Guerre mondiale, n'avaient jamais conçu une Europe amputée de son autre moitié. Elle a aussi contribué à changer profondément la culture politique en RFA, en réconciliant les jeunes générations contestataires avec leurs gouvernants, leur offrant la chance d'un *nouveau dialogue*. Elle a surtout, à long terme, contribué à rapprocher les deux Europes et les deux Allemagnes et, par des effets divers et complexes, à changer le climat politique et humain dans les pays de l'Est. Elle a ainsi contribué à refaire l'identité de l'Europe centrale dont François Mitterrand disait, dans une interview accordée le 23 novembre 1988 à *Libération*, qu'elle a toujours été l'Europe centrale : « Y a-t-il une ville plus européenne et plus centrale que Prague ? »

Les changements intervenus en URSS depuis 1985 ne se sont pas révélés comme un piège de propagande. En Pologne et en Hongrie ils ont conduits à un point de non-retour toléré par une Union soviétique elle-même prise dans une tempête de réformes, et à laquelle on a vite reproché, parfois en cachette, de ne pas intervenir en Roumanie. Le « genscherisme » jusqu'ici suspect n'est plus à la une. La parole est maintenant à la « méthode Genscher », dont on souligne dans les journaux parisiens le « triomphe »[8]. Le rapprochement des deux Europes tant souhaité et souligné, notamment par le président Mitterrand qui le mentionnait dans tous ses grands discours de politique extérieure, est devenu un fait accompli. Mais ce rapprochement ne s'est fait ni par la dérive de l'Europe occidentale vers l'Est, ni par une dérive ouest-allemande comme la cheville ouvrière d'un « Munich européen ». Elle s'est faite – et ceux qui avaient toujours gardé l'esprit serein l'avaient prédit – par une spectaculaire dérive de l'Est vers l'Ouest : l'Europe centrale fut reconstituée, non pas par cette « *Mitteleuropa* allemande » sur laquelle spéculaient tant de spécialistes franco-parisiens, mais tout simplement par les Européens de l'Est qui ont commencé à rejeter eux-mêmes le *statu quo*. L'Europe de l'Est et du centre s'est ainsi repositionnée. Un défi et une chance énorme s'offre à l'Europe de l'Ouest pour développer une *Ostpolitik* dont le vocable pourrait, un jour proche, perdre son ancienne signification et devenir une politique tout simplement européenne.

---

8. Cf. Jean-Paul Picaper, « Le triomphe de Genscher », *Le Figaro*, 2 octobre 1989, et Luc Rosenzweig, « Le triomphe de la méthode Genscher », *Le Monde*, 2 octobre 1989.

III

Le président Mitterrand, par exemple, a relevé ce défi en demandant à la France de devenir «le grand architecte d'une maison commune européenne». Il l'a fait dans des termes qui lui sont propres et qui font honneur à son nom, dont la transformation en idéogrammes chinois signifierait : «énigme parfaitement claire»[9]. A l'Élysée, la maison commune n'est plus interprétée comme un piège soviétique ou un mirage allemand, mais elle est devenue un concept de la nouvelle *Ostpolitik* française. Comme jamais dans le passé, celle-ci renoue avec le grand dessein gaulliste des années soixante, mais elle attend encore avec impatience son interprétation et sa mise en pratique franco-allemande.

Il y a donc, depuis dix-huit mois, une nette convergence franco-allemande dans le domaine de la politique vis-à-vis de l'Est. Et l'on peut même constater que, depuis un an, les voix françaises alarmistes qui craignaient une dérive ouest-allemande vers l'Est ont nettement diminué. Les quelques observateurs qui guettaient, véritable idée fixe, les signes du prétendu «*Drang (allemand) nach Osten*» font finalement cavalier seul dans un paysage politique où la compréhension constructive pour la situation interallemande a fini par l'emporter. Quelle évolution heureuse de l'opinion publique et politico-médiatique, qui ne fait que confirmer l'attitude de la France «silencieuse», telle qu'elle apparaît à travers de nombreux sondages portant sur l'opinion des Français sur l'URSS, son voisin d'outre-Rhin et la «question allemande» : une majorité croissante ne craint plus ni l'URSS, ni l'*Ostpolitik* de Bonn ni même la perspective d'une seule Allemagne[10].

9. Voir mon article «Mitterrands weltpolitischer Bauplan. Das gemeinsame Haus : die Gallizisierung einer sowjetischen Formel», *Frankfurter Allgemeine Zeitung*, 9 octobre 1989.

10. Voir par exemple le sondage IFOP de juin 1989 (*Le Monde*, 4 juillet 1989) : À la question «La réunification de l'Allemagne de l'Ouest et de l'Est

Convergence objective donc sur un sujet qui, dans le passé, a toujours consisté en un chapitre assez épineux. Mais y a-t-il pour autant une politique, une action commune de Bonn et de Paris vers l'Est? Je ne vais pas jusqu'à parler d'une *Ostpolitik* «franco-allemande», idée utopiste tant qu'il s'agit de deux États, voire de nations différentes avec des intérêts pas toujours identiques. Mais parlons tout simplement d'une action qui prolonge la convergence objective. Certes, il y a les consultations plus ou moins rituelles. Il y a même certains gestes symboliques dont je ne veux pas contester les bonnes intentions, tels que ce plan d'une ambassade commune dans les steppes asiatiques, à Ulan Bator – malheureusement le dossier semble bloqué au Conseil d'État – ainsi que l'intention de Madame Süßmuth et Monsieur Fabius de se rendre ensemble à Moscou, respectivement à titre de présidente du Bundestag et de président de l'Assemblée nationale. Mais au-delà, que se passe-t-il? Si l'on prête l'oreille, au Quai d'Orsay comme au *Auswärtiges Amt*, à la chancellerie et à Matignon, à quelques décideurs sincères prêts à parler franchement, force est de constater que les rites et gestes dissimulent mal un grand malaise: on attend encore une véritable démarche commune. À chacun de dire son «oui, nous voulons bien mais les autres n'en veulent pas...», à chacun sa dose de frustration poliment cachée.

Je ne veux pas insister ici sur les responsabilités qu'engendrent un tel blocage et un tel décalage entre les paroles et l'action. Mais je tiens à insister sur la nécessité et sur l'urgence

constituerait un grave danger politique pour l'Europe» 29% des Français répondaient, en juin 1989, «tout à fait d'accord/ plutôt d'accord» (11/18%) (rappel 1985: 28% (11/17%)), 53% répondaient «plutôt pas d'accord/pas d'accord du tout» (20/33%) (rappel 1985: 49% (15/33%)), 18% ne se prononçaient pas (rappel 1985: 33%). 44% des Français sont d'avis que les réformes en cours en URSS «marquent un changement profond et durable dans le système socialiste soviétique», et 47% pensent que «l'évolution actuelle de l'Union soviétique aboutira à terme à faire de ce pays une société démocratique comme celle des pays occidentaux».

même d'une démarche commune qui bien sûr respecterait les intérêts de chacun. Que la RFA comprenne et respecte les craintes françaises pour l'équilibre européen, équilibre dont le fonctionnement est lié à la position géographique de l'Allemagne, qu'elle cultive sa compréhension pour le juste fondement historique d'une méfiance formulée jadis, en 1949, par le médiéviste Étienne Gilson : « L'opposition contre une Allemagne trop puissante est une des bases de la politique française[11]. » Mais que la France ne reste pas clouée à un mode de pensée politique qui reste soumis au calcul formel de la *balance of power* des siècles, des dynasties et des puissances nationales classiques. Qu'elle ne sous-estime pas la transformation profonde ni de la société civile allemande née, espérons-le, des cendres d'une dernière guerre totale, ni de l'Europe occidentale tout entière dont la RFA fait aujourd'hui partie intégrante. Et que Paris ne se montre pas schizophrène dans son propre discours politique sur les droits de l'homme, l'autodermination et la démocratisation en Europe centrale – pour ne citer que quelques exemples : on ne peut prêcher la maison commune européenne fondée sur les valeurs universelles de 1789 et réserver en même temps aux Allemands, au sein de cette même maison, un appartement bien spécial dont l'architecture ressemble plutôt à celle d'une *Realpolitik* à la Metternich, voire à la Bismarck.

Ce dont nous avons d'urgence besoin aujourd'hui, c'est d'une réflexion qui aboutirait à une politique cohérente vers l'Est, une marche commune vers la maison commune européenne et, liée à cela, à une tentative commune de trouver une solution à la « question allemande ». Nous sommes témoins d'un changement fondamental en URSS et en Europe centrale. Le règlement de l'après-guerre dans lequel nous étions habitués à voir un statu quo définitif vit ses dernières heures. Nous sommes témoins, mais sommes-nous encore acteurs ?

11. « Les États-Unis et l'Allemagne », *Le Monde*, 23 avril 1949.

En quelque sorte, l'ancienne *Ostpolitik* occidentale ne s'éclipserait-elle pas devant la nouvelle *Westpolitik* de certains pays de l'Est, notamment de la Pologne et de la Hongrie, qui s'ouvrent vers l'Ouest? L'Ouest semble être dépassé par ce changement de paradigme politique et sa réaction fait penser à celle d'un individu qui voit brusquement se réaliser ses désirs longtemps chéris sans être préparé, et se montre par conséquent incapable de s'en réjouir et d'en profiter. Ce qui est vrai pour la situation européenne globale ne l'est pas moins pour la question allemande.

IV

L'écroulement rapide du statu quo n'est pas sans conséquences pour cette nation divisée en deux États, dont l'un reste dirigé contre l'autre. Certes, l'Allemagne orientale est restée, au moins jusqu'à ce jour, un vase clos post-stalinien qui refuse le changement au sein même d'un monde en transformation. Mais sa société civile a changé. Dans son for intérieur et dans les rangs de sa jeunesse, elle s'est beaucoup plus « occidentalisée » qu'on ne l'aperçoit au premier abord. C'est surtout le mouvement brusque des réfugiés est-allemands en Hongrie, à Prague et à Varsovie qui a donné à cette question allemande une nouvelle dimension humaine que nos conceptions de normalisation et de stabilité européenne n'avaient pas prévue. La RFA elle-même, sa classe politique – soucieuse de ne pas déranger l'équilibre européen donc interallemand, ou si l'on préfère l'équilibre interallemand donc européen, et de ne pas effaroucher nos voisins – fut surprise par cet exode et par son contenu politique. Nous avons tous fait le calcul politique sans penser aux surprises dont l'histoire reste riche.

À Leipzig, Dresde, Berlin-Est, à Prague, à Budapest et à Varsovie, s'est mis en mouvement un flux humain qui ne respecte plus les subtiles règles politico-diplomatiques établies par les chancelleries de l'Ouest et de l'Est. Le changement du climat et des structures politiques en Pologne et en Hongrie, sans mentionner l'URSS, ainsi que l'ouverture du rideau de fer à la frontière austro-hongroise, ont mis le système politique de la RDA dans une situation qui contraste de plus en plus avec le changement intervenu en profondeur dans sa société civile, notamment au sein de sa jeunesse. Ce que les sociétés occidentales avaient vécu à leur tour dans les années 1960 sous le sigle simplificateur de «mai 68», comme conséquence de leur propre décalage entre la pétrification politico-étatique et la mutation de la société, la RDA devait le vivre à sa manière sous le signe du socialisme d'État, ce qui risque de menacer son identité même, étant donné qu'elle n'a pas réussi à en créer une autre en dehors de ce type de socialisme. Plus l'incapacité de ses élites politiques de laisser vivre et d'intégrer les aspirations des nouvelles générations sera grande, plus le choc et l'exode seront importants. Ceci se révèle être d'autant plus vrai que le monde est-européen change radicalement autour de la RDA.

Ces hommes, femmes et jeunes Est-Allemands qui campaient dans les ambassades ouest-allemandes à Prague et à Varsovie, et qui ont traversé la frontière austro-hongroise ne pratiquent-ils pas à leur manière ce «plébiscite de tous les jours» dont parlait jadis Ernest Renan pour définir la «nation»? En chantant dans le jardin du palais Lobcovisc à Prague l'hymne national ouest-allemand, «unité et droit et liberté pour la patrie allemande», n'ont-ils pas balayé d'un simple mouvement physique toutes les théories sur la constitution de deux nations différentes et de deux consciences nationales divergentes? Et ceux qui restent, afin de transformer la vie chez eux, ne changent-ils pas ainsi à leur manière et à long terme plus radicalement encore le statu quo interallemand?

V

Sommes-nous prêts à relever ce défi ? « Nous », cela ne signifie pas seulement les Allemands de l'Ouest mais aussi les Français et les autres Occidentaux, c'est-à-dire la communauté ouest-européenne tout entière. Et ce « nous » exclut toute voie séparatiste allemande que rejette la grande majorité des Allemands de l'Ouest qui a compris que son sort est intimement lié à celui de l'Europe, que sa vie est une vie européenne. Mais entendons-nous bien : ce « nous » refuse de voir une contradiction entre la volonté de réaliser et de vivre une intégration de la communauté européenne orientée au-delà de la séparation de l'Europe et celle de vivre une intégration de la communauté allemande à l'intérieur de cette Europe. Ce « nous » refuse de voir une contradiction entre la volonté de rapprocher d'une part les deux Europes et de l'autre les deux parties séparées de la nation allemande. S'il s'agit dès aujourd'hui « d'effacer Yalta, c'est-à-dire non pas d'accrocher un morceau d'Est à l'Ouest, mais d'effacer la division de l'Europe », comme a écrit l'éditorial du *Monde*[12], il ne se révèle guère possible par conséquent d'exclure l'Allemagne d'une telle vision.

La RFA est loin de vouloir déstabiliser la RDA. Elle a même tout fait, et elle continue à le faire, pour ne pas la déstabiliser : sans son apport économique et financier, l'Allemagne orientale irait beaucoup plus mal. On reproche ainsi souvent à la RFA de refuser de reconnaître la RDA comme pays « étranger », ce qui supprime les barrières douanières, ce qui fait de la RDA une sorte de membre indirect de la CEE. Que faire cependant si cette RDA continue à se déstabiliser d'elle-même ? Que faire si les populations ne suivent plus la « raison d'État interallemande » ? Que faire si la stratégie à long terme, dite du « changement par le rapprochement et dans la stabilité (européenne) » mise en avant par l'*Ostpolitik* de Bonn, finit

12. « L'autre Europe », *Le Monde*, 6 juillet 1989.

par être dépassée par un rapide changement à l'intérieur de la société est-allemande ? Les conséquences politiques d'un tel changement ébranleraient l'identité même de ce « premier État socialiste sur le sol allemand » (étiquette officielle de la RDA).

Ni la RFA, ni la France, ni aucun autre voisin européen, ne sont prêts en ce moment à relever ce défi et à développer une perspective politique pour l'Europe. Les Allemands de l'Ouest ont peur eux-mêmes de troubler le concert des nations européennes – y compris cette amitié franco-allemande dont le secret serait, selon l'historien allemand Golo Mann, la division de l'Allemagne. En outre, ils sous-estiment largement la valeur réelle de leur propre société civile qui n'est précisément plus celle du badigeonnage démocratique des années 1950. Cette dernière exerce aujourd'hui un impact silencieux, pacifique et efficace sur la RDA. Cet impact ne serait-il pas le garant même d'une transformation pacifique de l'Allemagne orientale et d'une ouverture de l'Europe occidentale vers ces terres outre-elbiennes et dont le prolongement au-delà de l'Oder connaît déjà aujourd'hui une ouverture qui dépasse tous les espoirs d'hier ?

Existe-il un danger de recentrage et de repositionnement de la RFA au centre de l'Europe comme le craignent certains experts du « *Drang (allemand) nach Osten* » ? Quelle absurdité d'interpréter la dérive de l'Est vers l'Ouest comme un mouvement inverse. Et quel manque d'imagination politique que de voir dans un repositionnement de l'Europe tout entière un simple repositionnement allemand ! Au lieu de pleurnicher sur le statu quo menacé et de craindre une Allemagne « trop puissante », mieux vaudrait placer ses espoirs dans un élargissement de la démocratie à l'Allemagne tout entière et faciliter en outre l'ouverture d'une Pologne démocratique à l'Europe occidentale, créer par là même le cadre d'une vraie réconciliation entre Polonais et Allemands, sans laquelle l'Europe ne trouvera jamais de paix civile. Au lieu de continuer à penser l'Europe et l'Allemagne en termes de *balance of power* du XIXe siècle, comme si ni l'Europe ni l'Allemagne n'avaient changé depuis 1945, il vaudrait mieux se réjouir d'une chance inouïe : l'architecture d'une Europe entièrement pacifiée, la réalisation d'une communauté démocratique européenne dont le peuple allemand uni et au complet ferait partie intégrante.

Pourquoi ne pas plutôt se féliciter du retour de pays tels que la Pologne et la Hongrie, et pourquoi pas un jour l'Allemagne orientale, la Tchécoslovaquie et d'autres pays de l'Europe centrale et de l'Est – tous authentiques terres de culture européenne, dans l'entité européenne en tant que communauté de valeurs occidentales ? La redécouverte française du Maghreb, son engagement en Afrique francophone, son action pour la Francophonie à l'échelle mondiale ne se sont pas traduits par une dérive de la France vers l'Afrique, voire vers le monde. Ceci ne l'a pas empêché d'approfondir son engagement en faveur d'une intégration européenne accrue. Nous autres voisins en Europe ne pouvons que nous en réjouir, car les engagements spécifiques de la France nous servent d'intermédiaire. Il faut citer par exemple ceux de l'Espagne ou du Portugal, véritables ponts vers les autres cultures latines de ce monde. Cette spécificité n'empêche pas ces pays de s'engager avec acharnement dans la bataille pour une Europe intégrée.

Je ne veux pas faire un procès d'intention à ceux qui ne suivent pas ma démarche. Je ne souhaite pas jeter la pierre à ceux qui repoussent l'idée d'une *Ostpolitik* dans le contexte d'une Allemagne transformée, d'une Europe centrale à la recherche d'elle-même et qui tient finalement compte des intérêts et des craintes légitimes de nos deux pays respectifs[13].

---

13. Se référer à mon article « L'histoire et l'avenir des politiques respectives à l'égard des pays de l'Est » dans A. Brigot *et al.* (dir.), *Défense, désarmement et politiques à l'Est*, Paris, Fondation pour les études de défense nationale, 1989, Dossier n° 26, p. 117-149.

Mais l'Allemagne n'est pas la seule à avoir changé. La France aussi, et elle commence à développer à l'égard de son voisin des idées autres que celles qui continuent à prolonger certains cauchemars de l'Histoire. Daniel Vernet a salué dans *Le Monde* la chance pour la France de profiter de l'Allemagne comme « un pont entre l'Ouest et l'Est[14] ». Et à Jean Boissonnat de dissiper bien avant les événements actuels certaines craintes classiques implantées rive gauche et de réhabiliter une Allemagne dont la transformation profonde passe aujourd'hui trop souvent comme une chose banale :

> Il est vrai, en revanche, que la déstabilisation – probablement durable – de l'Europe de l'Est, replace l'Allemagne au centre de notre continent. Faut-il le regretter ? Sans aucun doute, s'en réjouir. Il est bon pour l'ensemble de l'Europe, que la vitrine de l'Occident tournée vers un monde communiste en crise, soit celle d'un pays qui est sorti de la nuit de la misère et du totalitarisme. Si un pays incarne la non-fatalité en histoire, c'est bien l'Allemagne. On peut relever ses ruines. Elle l'a fait[15].

Et écoutons Jacques Jacquet-Francillon qui, dans *Le Figaro*, commentent les cris de joie des réfugiés de Prague et de Varsovie au moment de leur départ : « Pourquoi rejetterionsnous frileusement l'idée que ce "Heimat" ne signifiera pas demain "Europe" pour ces hommes rendus à la liberté ? [...] Y voir un danger, au lieu d'une force nouvelle [...] serait marcher à contre-courant de l'histoire[16]. »

VI

Au lieu de remuer le mélange connu des malentendus francoallemands, mettons-nous donc à l'œuvre afin de faire converger les nouvelles idées qui s'expriment des deux côtés du

---

14. « Un pont entre l'Est et l'Ouest », *Le Monde*, 13 juin 1989.
15. « Quelle Allemagne ? », *La Croix*, 18 avril 1989.
16. « Liberté et patrie », *Le Figaro*, 2 octobre 1989.

Rhin et de la Sarre. Relevons ensemble de leurs ruines les autres parties de l'Europe. Bien avant l'*Ostpolitik* ouest-allemande, en 1967, le Centre d'études de politique étrangère à Paris, prédécesseur de l'actuel Institut français des relations internationales (IFRI), avait essayé de lever certains tabous de la question allemande en imaginant quelques hypothétiques « modèles de sécurité pour l'Europe » qui allaient jusqu'au projet concret d'une confédération allemande[17]. N'insistons pas sur les détails de cette réflexion qui baignait dans une politique extérieure gaulliste riche en visions courageuses et vigoureuses vis-à-vis du destin d'une Europe allant « de l'Atlantique à l'Oural ». Insistons toutefois sur une heureuse initiative française qui, à l'époque, n'avait trouvé en RFA qu'un écho discret et timide mais qui devrait aujourd'hui servir d'exemple à une réflexion et à une démarche franco-allemande sur le destin de l'Allemagne et de l'Europe entières.

Au lieu de faire des procès d'intention, cultivons réflexion et démarche commune dans le sens des propos de Daniel Vernet et de Jean Boissonnat. Allons au devant d'un règlement de paix en Europe qui n'aurait plus pour seule signification celle de la simple non-guerre. Dans cette démarche, ne pensons pas seulement dans le court terme où l'Allemagne a été un danger pour l'Europe mais souvenons-nous aussi de cette Allemagne qui jadis, en 1715, avait inspiré un Français, l'abbé de Saint-Pierre, pour un projet d'union européenne. Son argument principal avait de quoi faire réfléchir : pourquoi l'Europe ne s'unirait-elle pas, puisque les pays allemands se sont jadis unis pour constituer l'Empire qui, observait-il, dure depuis six cents ans ? En effet, aux yeux de l'abbé de Saint-Pierre, le modèle d'une Europe unie se trouvait dans ce qu'il nommait tantôt « le Corps germanique », tantôt la « Société

17. Publié dans *Politique étrangère*, n° 6, 1967, p. 519-541. Voir le commentaire « Frankreich und die deutsche Frage » de Nikolaus Benckiser dans *Frankfurter Allgemeine Zeitung*, le 30 janvier 1968.

germanique », véritable fédération entre faibles et forts, dont le fonctionnement était assuré par le respect d'une convention et le recours à l'arbitrage permanent dans chaque cas litigieux. Ce fut d'ailleurs Étienne Gilson, de l'Académie française, qui rappela en janvier 1949, à l'heure de l'établissement de ce statu quo qui vacille aujourd'hui, cette vision française d'un prolongement européen de l'Empire germanique. Sa conclusion en vue d'un règlement de paix entre l'Allemagne et l'Europe :

> Victorieux, Hitler eût annexé la France, et pas un des Allemands qui crient aujourd'hui à la persécution n'eût élevé la voix pour protester. Nous voulons au contraire une Allemagne dans l'Europe, et une Allemagne libre, mais d'une liberté qui soit européenne, comme le sera la nôtre. La sagesse seule, non la force, pourra nous la donner[18].

Aujourd'hui, quarante ans plus tard, l'ébranlement de « l'ordre de Yalta » nous fait revenir en quelque sorte à une situation qui, comme après 1945, exige un effort de réflexion visionnaire et sage sur le fonctionnement de l'Europe et du rapport entre cette Europe et l'Allemagne. Mais contrairement à l'époque d'Étienne Gilson, l'Allemagne « d'une liberté qui soit européenne » est devenue une réalité – au moins pour ce qui est advenu des zones occidentales d'alors. Pour ce qui est du reste entre l'Elbe et l'Oder, et c'est sur l'Oder que s'arrête l'Allemagne d'aujourd'hui et de demain, nous assistons à des moments historiques dont les germes prometteurs sont susceptibles de faire naître des espérances communes.

Depuis sa deuxième visite à Moscou, en novembre 1988, le président Mitterrand a beaucoup parlé de la maison commune européenne, il a même – je l'ai mentionné – proposé à la France d'en devenir « le grand architecte ». Ne parlons pas des grands discours sur les valeurs universelles de 1789 à l'oc-

---

18. « L'Allemagne et l'Europe », *Le Monde*, 27 janvier 1949.

casion du bicentenaire de la Révolution française. Mais pourquoi la France officielle s'est-elle aussi longtemps tue face aux événements dramatiques qui se déroulaient dans la partie est-allemande de cette maison européenne. Pourquoi est-elle demeurée silencieuse face à l'exode massif des réfugiés est-allemands et aux mouvements contestataires en RDA, sauf pour confirmer une visite officielle du président français à Berlin-Est ? La déchirure de l'Allemagne est-elle vraiment perçue dans la France officielle, ainsi que le voudrait André Fontaine, comme « une même déchirure[19] » ? Pauvre François Mauriac, dont la petite phrase sur l'heureuse existence des deux Allemagnes continue, à tort, de nourrir certains soupçons allemands sur les intentions de la mère-patrie des droits de l'homme concernant le destin de l'Allemagne en Europe. Mais n'accusons pas non plus Mauriac, avocat engagé de l'*Ostpolitik* avant la lettre et d'une grande Europe dont la dynamique de rapprochement aurait à peine exclu l'Allemagne :

> Nos « européens », note-t-il le 22 mai 1965, qui accusent de Gaulle de torpiller l'Europe et pour qui l'Europe c'est six nations plus l'Angleterre, feignent de ne pas voir que cette Europe-là n'est pas l'Europe, qu'ils l'amputent froidement des pays qui nous sont les plus proches par la culture et par le cœur. Entre la Roumanie et nous, entre la Pologne et nous, entre les Yougoslaves, les Tchèques et nous, pendant 20 ans un rideau de fer a pu être artificiellement maintenu par la force, il ne s'y trouve rien de comparable à ce que nous avons depuis longtemps pardonné mais non oublié : le bûcher de Rouen, le rocher de Sainte-Hélène ; et pour ce qui concerne l'Allemagne, mieux vaut se taire. [...] Me souvenant de la parole fameuse sur l'Europe de l'Atlantique à l'Oural, je me disais que chez de Gaulle, ce qui apparaît quelques fois, même à ses admirateurs, comme une simplification ou une outrance, comme une boutade qu'il faut prendre au pied de la lettre, correspond en fait presque toujours à la réalité la plus évidente[20].

19. « Le destin de l'Allemagne. Une même déchirure », *Le Monde*, 22 février 1989.

20. *Le nouveau bloc-notes 1965-1967*, Paris, Flamarion, 1970, p. 63-65.

Bien que n'étant point en tout un disciple des idées de Mauriac, je lui suis néanmoins reconnaissant d'avoir rappelé à ses compatriotes les liens profonds unissant la France à l'autre partie de l'Europe. Si ces liens dans le passé avaient servi surtout à contenir l'Allemagne ou les Habsbourg, ils pourraient aujourd'hui servir, au contraire, de pont supplémentaire, non seulement pour rapprocher les deux Europes mais aussi pour aider les Allemands à se réconcilier avec les peuples de l'Europe centrale et orientale sans provoquer leur méfiance. Ensemble, nous disposons d'un modèle politique et humain convaincant à leur offrir, celui de la réconciliation et de la coopération franco-allemandes.

Une *Ostpolitik* semblable doit être améliorée. Une telle politique de la Grande Europe devrait être le meilleur garant d'une politique d'intégration européenne qui n'exclut pas non plus la voie pacifique menant à une intégration inter-allemande dont le but serait que l'Elbe subisse le même sort heureux que le Rhin : ne plus être une ligne de séparation mais, comme disait le poète et romancier Alexandre Arnoux en 1950, devenir « une rivière provinciale[21] ». L'image d'une Elbe redevenue provinciale au cœur d'une Allemagne réconciliée avec elle-même et avec ses voisins, ne fait-elle pas partie de ce tableau de la Grande Europe qui connaîtra aussi un cours d'eau nommé Oder, devenu rivière provinciale entre Allemands et Polonais ?

À nous, Allemands de l'Ouest et Français, de jeter en commun les bases réelles d'une telle entreprise européenne vers l'Est, d'autant plus que l'Europe n'est plus, pour reprendre la phrase de Benno Reifenberg, ressentie ni par les uns ni par les autres comme « une cage ». L'Europe est redevenue l'espace naturel de notre liberté commune, une même nécessité.

---

21. Cité dans *Documents*, n° 10-11, oct.-nov. 1950, p. 1123 (« Des intellectuels français se prononcent sur le problème des rapports franco-allemands », p. 1123-1130).

2. LES NÉCESSITÉS COMMUNES*

Alors que le Mur était tombé, qu'un large mouvement de fuite avait saisi la RDA, on avait bien du mal à trouver un homme politique européen qui se serait prononcé contre l'unification allemande. Ils étaient tous pour, mais énonçaient aussitôt certaines conditions préalables : l'unité allemande n'était acceptable que dans la mesure où elle ne remettait pas en cause « l'équilibre européen ».

Il suffit de prendre, par exemple, les grands discours et textes de François Mitterrand, dont les phrases clé ménageaient subtilement cette notion d'équilibre. Le président français n'a pas manqué une occasion de se prononcer sur le lien quasi organique existant à ses yeux entre la question allemande et l'équilibre européen et d'exprimer ainsi son souci d'y veiller. Il n'a pas non plus hésité, le 22 novembre 1988, à présenter à la télévision soviétique la France et l'URSS comme « presque toujours [...] du même côté en raison de la situation de nos deux pays [...] deux bouts de l'Europe, forces de l'équilibre qui est un des axes de l'équilibre européen », et de décrire, lors de son séjour en RDA en décembre 1989, le premier ministre intérimaire de la RDA, Hans Modrow, comme l'un des hommes sur lesquels allait alors reposer l'équilibre européen. Aux étudiants de Leipzig, il alla même jusqu'à conseiller de réfléchir à l'équilibre européen lorsqu'ils iraient voter.

À écouter les discours politiques sur le nouvel ordre européen, il est difficile de ne pas penser aux hommes d'États européens des XVIIIᵉ et XIXᵉ siècles qui pratiquaient avec une rare finesse « l'équilibre », le « *Gleichgewicht* », la « *balance of power* », ce principe instauré par la paix d'Utrecht et caractérisé

---

* Ce texte reproduit la deuxième partie d'une conférence prononcée par l'auteur devant l'assemblée annuelle des Rotariens d'Aquitaine, le 19 mai 1990, à Bordeaux.

par Metternich, l'architecte de la « Sainte Alliance », comme l'intérêt commun des États à maintenir leur sécurité commune. Mais chaque pays, que cela fût la France, l'Angleterre, la Russie ou plus tard le *Reich* bismarckien, n'avait-il pas sa propre façon de percevoir et de définir ce qu'il entendait par équilibre européen ? L'enjeu en était la « nation tardive allemande ». L'homme d'État anglais Disraeli commenta sa proclamation en tant que *Reich* uni comme « une destruction totale de l'équilibre des puissances en Europe ». Nous connaissons la suite néfaste de ce jeu d'équilibre entre États nationaux concurrents et atomisés, chacun ambitionnant de s'imposer comme maître du jeu : le résultat fut finalement une Europe qui n'était plus capable de survivre à un pareil mode statique d'équilibre, de plus en plus instable, et qui se déchira, finalement jusqu'à l'épuisement, dans de sanglantes « querelles d'Allemands ». Ce qui entraîna l'intervention des deux puissances « semi-européennes » (sur le terrain européen), les États-Unis et l'Union soviétique, les nouveaux maîtres du jeu européen.

Pourquoi ce rappel du passé pour parler du présent et du futur ? C'est qu'il faut savoir de quel équilibre il est question. Qui parle « d'équilibre européen » se doit de définir ce qu'il entend par là. Le terme ne veut rien dire s'il n'est pas mis en relation avec la nouvelle réalité acquise en Europe occidentale, depuis la guerre au moins, et qui n'a plus rien à voir avec la notion d'équilibre avancée par les cabinets diplomatiques des XVIIIe et XIXe siècles ou par ceux dont l'instrument d'équilibre n'était autre que la volonté de puissance ou la violence. La nouvelle réalité ouest-européenne est celle d'un équilibre dont le mode d'existence se fonde sur le principe et la pratique de l'intégration mutuelle, y compris une politique commune active visant à compenser les différences et les clivages qui sont des germes sérieux de conflits. Son instrument d'intégration n'est ni la puissance ni la violence mais le droit, la confiance et la légitimité démocratique. Sa base commune est la société civile, l'État de droit et une communauté de valeurs démocratiques. Ce mode d'équilibre ouest-européen évite par sa propre dynamique – peu importe les arrière-pensées de chacune des puissances intégrées – l'isolement, la discrimination et l'affaiblissement des uns par rapport aux autres. Si l'Europe a finalement pu redevenir maîtresse de son destin, n'est-ce pas grâce à cette politique d'«équilibre intégré» entamée depuis 40 ans? Elle a aidé l'Europe de l'Ouest à surmonter ses nationalismes, à se doter d'une profonde dimension transnationale, à assurer la paix entre les nations et à donner ainsi au monde un modèle de société civile. Elle s'est relevée de ses ruines et a retrouvé un poids dans le monde qu'un pays européen n'aurait jamais pu à lui seul acquérir. Et elle a contribué à donner à la solution au problème allemand la seule structure d'accueil possible, celle d'une intégration qui a su mettre sur un pied d'égalité les vainqueurs, les vaincus et les autres, les grands, les moyens et les petits, les forts et les faibles.

Ne soyons pas dupes : le processus d'unification allemande entraînera des problèmes sociaux et économiques à l'intérieur de l'Allemagne. Mais de façon générale, l'unité allemande aura pour résultat de renforcer l'Allemagne et d'accroître son poids politique et économique ainsi que son rôle en Europe. Faut-il le redouter? Non, car pour la première fois dans l'histoire allemande, ce sera le poids et le rôle d'un pays républicain, d'un peuple de démocrates et d'un État fiable et intégré en Europe. C'est la différence fondamentale trop longtemps négligée par certains commentateurs qui ont du mal à percevoir la différence qu'il y a entre le Reich de 1871 et l'Allemagne démocratique de 1990. Vu les options du passé, nous avons toutes les raisons de nous réjouir de cette situation.

Toutefois, il serait naïf de nier le changement du «rapport de forces» entre la future Allemagne et ses voisins. Et ce sont bien entendu les voisins les plus proches et les plus intimes qui seront les premiers à percevoir ce changement. Envisageons donc avec la sérénité nécessaire le changement du rapport de forces internes dans les relations entre Bonn et Paris dans la perspective de l'unité allemande. Nous allons des rapports franco/ouest-allemands aux rapports – au vrai sens du mot – franco-allemands. Aucune personne sérieuse en RFA n'est enivrée par l'unité allemande au point de tenter de négliger la relation privilégiée avec la France. D'un autre côté, aucune personne sérieuse en France ne pense plus que l'unité de l'Allemagne doive conduire la France à négliger les liens que les deux pays ont su créer depuis la guerre. Au contraire. Après une période compréhensible de désorientation, la France a fini par voir l'avantage qu'il y avait à renforcer ces liens dans le cadre ouest-européen, tout en ouvrant des nouvelles perspectives vers l'Est. Tout le défi sera d'étendre ces liens transnationaux, non seulement sur le territoire est-allemand, mais dans les esprits et dans les cœurs des Allemands de l'Est.

Si, d'après le mot de Golo Mann du début des années 1960, le secret de l'amitié franco-allemande était la division de l'Allemagne – et pourquoi en faire le reproche aux Français ? – le secret de la nouvelle amitié franco-allemande devra être l'acceptation sereine d'un nouveau rapport de forces qui sera celui de deux pays et de deux États sur un pied d'égalité : l'acceptation d'une Allemagne « normalisée », en possession de sa pleine souveraineté, et l'acceptation d'une France dont la « grandeur » ne repose plus sur le statut et les droits d'une puissance victorieuse tardive, mais plutôt sur les acquis et les succès réels d'une puissance moyenne, certes nucléaire, mais « normalisée » elle aussi.

L'ancienne relation entre puissance tutélaire et pays protégé n'existera plus. La menace provenant de l'Est ne servira plus de ciment à l'intégration. Le retour de l'autre Europe, si longtemps « kidnappée », redéfinira à l'Ouest la morphologie européenne dont l'ancien État était celui d'un petit monde rassurant, mais inacceptable et qui a d'ailleurs cessé d'exister. Est-ce un bien ou un mal ? À vrai dire, nous n'avons plus l'occasion de nous poser la question, car l'histoire précède la réflexion. A nous d'en tirer le meilleur parti. Les conclusions qui s'imposent sont les suivantes :

– Il faut organiser et vivre l'unité allemande pour qu'elle serve au salut de l'Europe. Ceci passera par le renforcement de la démocratie allemande et par une politique d'intégration et de non-discrimination qui évitera tout isolement de l'Allemagne future en Europe. L'organisation de l'unité allemande doit se faire sans que le vieux débat de la « *balance of power* » en Europe, question clé du machiavélisme et des nationalismes d'antan, ne l'emporte sur un raisonnement politique qui a laissé derrière soi la politique des petits blocs et des contrepoids.

– Les Allemands devront avoir un intérêt fondamental à ce que l'unité allemande serve à la France. Une France victime de son complexe de déclin ne serait d'aucune utilité pour une Allemagne unie. Nul ami ne devient plus fort en affaiblissant l'autre. Seule une France forte et sûre d'elle-même peut être le partenaire généreux d'une Allemagne unifiée. Cette générosité française est d'une importance capitale pour l'Allemagne, afin que celle-ci reste sereine ; ce qui est à son tour fondamental pour la générosité de la France.

– Il faut ménager la coopération franco-allemande de façon à ce qu'elle ait les mêmes effets salutaires pour l'Europe entière, tout comme auparavant la coopération franco/ouest-allemande a œuvré en faveur de l'Europe de l'Ouest et est devenue le moteur de l'intégration européenne. La construction d'une telle relation franco-allemande en tant que moteur de la construction européenne induit des responsabilités particulières envers les autres voisins européens. Déjà le spectre d'un « axe Bonn-Paris » invitait dans le passé plusieurs voisins plus petits à s'interroger à sa façon sur l'équilibre. Car ne l'oublions pas : la question de « l'équilibre » ne se posera pas seulement sur fond du rapport entre la nouvelle Allemagne et le reste de l'Europe, mais également sur celui de l'existence de cette superpuissance « qu'est Berlin-Paris ».

– Les Allemands devront s'imposer une certaine réserve et résister à la tentation de mesurer les autres en fonction de leurs seules sympathies pour l'unité allemande. Une attitude contraire entraînerait une pétrification de la politique allemande. Même une Allemagne « normalisée » et souveraine n'aura pas le droit d'oublier son histoire, son double message qui consiste à être l'héritière de Goethe et d'Auschwitz. Il n'y pas de place en Allemagne pour quelque complaisance et autosatisfaction que ce soit. L'Allemagne, dont la mémoire collective et le sens des responsabilités restera intacte, deviendra ainsi le modèle de celui qui a pu se relever non seulement de ses ruines matérielles mais encore morales.

Le noyau d'intégration germano-française ne tentera pas seulement d'étendre son esprit constructif à l'ancienne Allemagne orientale pour l'ancrer dans la construction européenne, mais aussi à ses voisins est-européens immédiats. Ceci interviendra, ou bien dans le cadre d'une intégration directe via l'adhésion à la CEE – ce qui serait préférable, sur le modèle de ce qui a été proposé avec succès à la Grèce, à l'Espagne et au Portugal autrefois pour renforcer leur début de démocratisation –, ou bien dans le cadre d'une intégration indirecte par une sorte d'association à la CEE, aujourd'hui UE. En dehors de cela, il n'y aura que le risque de provoquer une emprise trop allemande sur l'Europe de l'Est, avec les retombées douteuses que l'on peut imaginer, et surtout le risque d'une revitalisation des nationalismes et des « balkanismes » est-européens – ne sont-ce pas ces derniers qui ont jadis entraîné l'Europe dans sa première catastrophe, au même titre que « l'équilibre européen » déséquilibré par la

« nation allemande tardive » ou par les rivalités franco-allemandes ? Voici une leçon à retenir.

Peu importe le degré de cette intégration « élargie », elle ne
pourra en aucun cas se faire au détriment des acquis de l'intégration ouest-européenne. C'est cette dernière qui a déterminé le pouvoir d'attraction de l'Ouest sur l'Est, elle restera le
seul modèle d'un futur ordre de paix en Europe. Renforcer
ces acquis, les approfondir, insister de façon permanente sur
la responsabilité particulière germano-française dans ce processus, c'est là la meilleure garantie contre un néfaste retour
en arrière vers une histoire qui faisait dire jadis au Bordelais
François Mauriac : « Quand les deux morceaux de l'Allemagne seront recollés, il faudra redevenir ce lièvre qui dort les
yeux ouverts. » Mauriac avait raison. Mais la raison de l'histoire subit ses propres changements, dont F. Mitterrand se fit
l'interprète quand il dit : « [...] il y a quelque chose que je ne
comprends pas. On raisonne comme si on était à l'époque
des diplomaties de balances [...] Est-ce que nous en sommes
encore là, alors que la Communauté de l'Europe a déjà quelques décennies derrière elle ? [...] Au nom de quoi accuserait-
on le peuple allemand de désirer se retrouver, dès lors qu'il
s'agit strictement d'un appel qui monte vers nous tous, qui
vient de l'Est et qui en appelle aux valeurs qui sont les nôtres ?
Bref, cette conclusion est simple, il faut tirer cette leçon qui
consistera à renforcer et à accélérer la construction politique
de l'Europe, seule réponse au problème qui nous est posé. »
(*Libération*, 27 juillet 1989)

Comment relever ce défi ? Après tant de moments mouve-
mentés, je ne peux que souhaiter, à mon pays, aux pays
voisins, à l'Europe entière, des hommes et des femmes qui
ont cette qualité qu'appelle Hölderlin *Heilige Nüchternheit*, la
sobriété sainte, propre aux hommes et aux femmes qui ont
une claire conscience des tâches du jour et le sens de leur
réalisation.

12

Espérances et défis européens

I

Contrairement à ce que désiraient certains, la synchronisation des unifications allemande et européenne n'a pas eu lieu ; la dynamique de l'implosion est-allemande invalidait de toute façon cette possibilité. Mais l'unification allemande a fini par accélérer le processus d'intégration européenne, étant donné que les gouvernements, y compris celui de Bonn, n'ont pas pu et voulu imaginer une Allemagne unifiée laissant derrière elle le cadre européen. La vieille et bonne recette « l'Allemagne oui, mais à condition qu'elle soit européenne » a tenu bon. La suite de la recette aussi (« celui qui enferme l'autre dans la cage de l'intégration s'y enferme également »), ce qui fait que les États-nations réunis à Maastricht ont fini par s'engager dans une dynamique européenne originale, qui engage tout le monde et met en cause ses propres créateurs nationaux.

Malgré le succès des Britanniques à empêcher « le pire », le train de l'union économique et monétaire s'est mis en marche,

La première partie de ce chapitre s'appuie sur une conférence que l'auteur a donnée à l'Université du Québec à Montréal (UQAM), le 24 septembre 1994, sous le titre « Le rôle de l'Allemagne unie dans la nouvelle Europe ». La seconde partie de ce texte est parue dans *Vendredi-Idées*, en décembre 1993.

entraînant plutôt mal que bien celui de l'union politique. Voilà que tous les pays concernés, qui dans le passé n'ont encore jamais permis aux autres de douter de leur zèle européen, connaissent de véritables déboires. Le désenchantement n'épargne pas ceux qui ont su s'imposer pendant longtemps comme les maîtres de la pensée intégrationniste. Y avait-il plus européens que les Allemands ? L'unité et la souveraineté nationales furent achevées grâce à une politique d'intégration de longue durée, les Allemands se trouvant pour la première fois depuis 1949 au même point névralgique que leurs voisins ouest-européens en ce qui concerne le transfert d'une souveraineté acquise. La perspective brutale de la disparition du Deutschemark a créé soudain une vaste alliance d'eurosceptiques, qui unit pêle-mêle tout un ensemble de chapelles et de courants différents.

Retenons d'abord un fait de base : la confession européenne officielle de la classe politique n'a pas changé. À part Monsieur Gauweiler, enfant terrible de la CSU bavaroise, les conservateurs des CDU et CSU ne se mettent pas en position de désavouer leurs propres dirigeants (le chancelier Kohl et Monsieur Waigl, ministre des finances), alors responsables des acquis européens et des « abandons » nationaux de Maastricht. Cela vaut également pour les libéraux, qui se gardent de prendre leurs distances vis-à-vis du testament politique de Monsieur Genscher, dont l'engagement pour la CEE est parfois sous-estimé, en France, en faveur de son *Ostpolitik*[1]. Les sociaux-démocrates de leur côté n'ont pas envie d'apparaître comme le parti « anti-européen » après avoir critiqué le « nationalisme » de Monsieur Kohl aux heures de l'unité allemande. Restent les néo-nationalistes, tels « les Républicains » et le DVU (Union du peuple allemand), qui ont enregistré entre 6 et 11 % des voix lors des élections régionales de 1992 dans le

---

1. Dans la philosophie de M. Genscher, ces deux composantes ne sont pas dissociables.

nord et le sud-ouest grâce à leurs tirs contre les étrangers et l'oligarchie de Bruxelles.

Si la réalité s'arrêtait à ce «pays légal», la RFA serait l'un des plus beaux mondes européens – malgré la triste entrée en scène de l'extrême-droite – ou l'un des plus hypocrites. Le pays réel est bien différent du discours officiel, dont l'attrait politique et pédagogique laisse de toute façon à désirer. Les forces vives du pays ont du mal à avaler une pilule dont on a passé sous silence les effets secondaires, renforcés par une crise inattendue de l'économie et de la société allemandes. Tout en se gardant de proclamer une politique ouvertement anti-Maastricht, les critiques de toutes les couleurs politiques s'orchestrent pour une stratégie d'«amendement». Comment «améliorer» à posteriori Maastricht? Voilà la tonalité générale du débat.

Un certain nombre de voix cherchent à tirer un profit politique – à tort ou à raison – du fait que le chancelier a «sacrifié» le Deutschemark sur l'autel européen, en faveur d'un ECU exotique. Il n'y pas de geste plus profond et plus symbolique que cet «abandon» qui met le pays réel devant un véritable point de non-retour. Les *Länder*, c'est-à-dire les grands prêtres des principes du fédéralisme et de la subsidiarité, se rebiffent quand il s'agit de transferts de compétences à Bruxelles. Dans les nouveaux *Länder* à l'Est, on réclame entre l'Est et l'Ouest du pays la même cohésion socio-économique que celle exigée par le gouvernement fédéral comme critère pour l'Union économique et monétaire au niveau européen. Partout, on critique une Union européenne qui aurait du mal à être reconnue par la CEE elle même – par manque de légitimation démocratique. Les démocrates de tous les horizons sont d'accord pour critiquer l'absence du Parlement européen. Des courants antimodernistes et régionalistes mettent en cause la conception technocratique de l'Europe. Ils plaident en faveur d'une conception européenne qui se présente en habits «arcadiques», particularistes et identitaires mais qui peut cacher un tribalisme primaire, dangereux pour les acquis de l'État de droit libéral. Et les répliques ne se font pas prier non plus.

Bref, après le premier choc de Maastricht, un véritable débat politique et intellectuel sur le thème de l'Europe a eu lieu en Allemagne : sur sa morphologie, ses institutions, ses légitimations, ses responsabilités, ses contenus. Le débat dépasse le pour et le contre, il orchestre les nuances, les contradictions. Débat qu'on aurait dû mener avant Maastricht, à une époque où il y avait une véritable «compétition» de confessions européennes, et ce pas seulement en RFA. Débat dont la construction européenne, devenant de plus en plus la chasse gardée des spécialistes, aurait eu besoin bien avant. Mais soyons réalistes, ne fallait-il pas Maastricht pour en parler ouvertement?

Le débat général actuel a lieu sur arrière-plan de conscience collective qui est loin d'être défavorable à l'Europe. Certes, nous sommes loin de l'euphorie européenne des Allemands des années 1950, dont la seule «patrie» était l'ersatz européen; nous ne sommes pas non plus à la hauteur des bons sondages des années 1980. Les effets accessoires de l'unification allemande ont réorienté l'attention des populations, non pas en faveur de la «nation» (l'état d'âme national en fut plutôt endommagé), mais au profit des occupations matérielles et parfois de plaintes de pleurnichards. Bruxelles ne fait pas battre les cœurs, surtout quand les gouvernants s'en servent comme d'un prétexte pour faire avaler aux gens certaines pilules coûteuses, telles que l'augmentation de la TVA. Les Allemands, anciens Saint-Just du discours européen, ont regagné la moyenne européenne.

Regardons de près cette moyenne européenne, dans la nouvelle Allemagne entre le Rhin et l'Oder. Il y a une nette identification politique des Allemands avec la Communauté

européenne ; d'après un sondage récent de la Rand Corporation réalisé fin 1991, donc après le sommet de Maastricht,
59 % des Allemands plaident pour une CEE qui joue le rôle de
contrepoids vis-à-vis des États-Unis sur la scène internationale.
Mais ils y voient d'abord une institution politique et économique dont les tâches principales sont le maintien de la prospérité économique, le rapprochement des différents niveaux de
vie entre les membres de la CEE et le soutien des jeunes démocraties en Europe de l'Est. Confrontés à la question cruciale et
trop simple, « Approfondissement ou élargissement ? », 49 %
des Allemands de l'ancienne RFA plaident pour l'élargissement, tandis que 44 % des Allemands de l'Est préfèrent « l'approfondissement » de la CEE. Le plaidoyer pour l'élargissement
est assez hiérarchique : d'abord les pays neutres et prospères,
donc les moins compliqués tels que la Suède, la Suisse et
l'Autriche, suivis de loin des nouvelles démocraties en Europe
de l'Est y compris les pays baltes (tout à la fin vient la Turquie).

La CEE est donc acceptée comme modèle et règle de con-
duite du développement européen. Mais, toujours d'après le
sondage américain cité, les Allemands hésitent à y voir – voilà
une différence avec les accords politiques de Maastricht – une
plate-forme de défense et de politique militaire ; leur consentement à l'Alliance atlantique reste constant et surprenant.
Quand l'OTAN n'est pas mentionnée dans les questions de la
Rand Corporation, il y a une nette préférence pour une option
telle que la CSCE (Conférence sur la Sécurité et la Coopération en Europe). Mais en aucun cas il n'y a de chances pour
l'option de la neutralité et d'une alliance ouest-européenne
sans les États-Unis.

Cette conscience collective européenne va de pair – pour la
première fois dans l'histoire de la RFA – avec un oui certes
vague, mais considérable (59 %), pour que l'Allemagne assume
une responsabilité accrue au sein de la communauté internationale. Le manque de zèle pour des actions de caractère

militaire reste pourtant constant. On peut le critiquer comme un « hédonisme apolitique », mais c'est en fait le fruit d'une rééducation politique et civile, que tout le monde a souhaitée, et qu'un article dans le plus grand quotidien conservateur d'Allemagne vient de présenter comme la preuve d'un fait fondamental : l'Allemagne s'est définitivement tournée vers l'Occident. L'Allemagne s'est finalement « normalisée », tout en respectant les leçons de son histoire singulière. Néanmoins, il faut se garder d'un nouveau « provincialisme » dans une Allemagne aux habits cosmopolitiques ; il peut difficilement constituer un remède efficace pour empêcher les Allemands de bouder certaines nouvelles responsabilités internationales et européennes qui leur incombent depuis l'unification.

La conscience européenne des Allemands est moins fixée sur une idée de l'Europe-Nation ; chaque peuple formant sa vision de l'Europe et cherchant son chemin vers une plate-forme commune selon les critères issus de son histoire. Cette préférence pour le flou peut être considérée comme un défaut si l'on recherche l'efficacité et la rationalité institutionnelles. Mais n'est-ce pas un fondement réel pour continuer à créer une Europe démocratique, fédérale et pragmatique qui n'est pas une forteresse, mais un ensemble solidaire envers les voisins, et ne coupant pas les ponts transatlantiques ? Quoi qu'il en soit, ce n'est pas « au peuple » de trouver et de présenter les formules institutionnelles pour que l'Europe réussisse. Le problème actuel, et pas seulement en Allemagne, ne réside pas dans le débat contradictoire sur l'Europe et un certain désenchantement européen parmi quelques fractions de la population, mais plutôt dans le manque de présence des forces et des avant-gardes politiques face à ce débat, et dans leur incapacité évidente à le guider, à expliquer, à anticiper, à mettre en scène une « pédagogie européenne » convaincante.

L'Europe, cela a été longtemps un « machin » qui allait de soi. Il ne fallait plus expliquer et convaincre, le succès était sa meilleure publicité et les « experts » se chargeaient du reste. Ceci a profondément changé avec la disparition de la division de l'Europe ; le retour à l'Occident des pays de l'Est met tous les Européens, pas seulement les Allemands, dans la position et la nécessité de repenser les paramètres politiques et institutionnels de la construction européenne. Cela ne veut pas dire revenir sur les décisions de Maastricht, mais travailler plus sur la rencontre entre les accords de Maastricht et l'acceptation publique. Cela veut dire aussi combler l'écart entre une « Europe bruxelloise » de plus en plus éloignée de la vie pratique des citoyens, renforcer la légitimation démocratique de la CEE et éviter une politique qui réserve les solutions négatives, surtout aux yeux des contribuables et des consommateurs, aux instances européennes. Cela veut dire également œuvrer au profit d'une rationalisation institutionnelle des structures européennes, dont les différentes apparitions et appellations (CEE, parlement européen, Conseil de l'Europe, CSCE, Union européenne, Confédération européenne, etc.) ont créé, aux yeux des populations, une véritable tour de Babel. Cela veut dire en dernière instance reparler du sens profond de la construction ouest-européenne pour éviter le retour des anciens principes de l'histoire de l'Europe, qui étaient équilibre et hégémonie.

Le débat allemand se prend à ces questions, dans les pages politiques, économiques et culturelles des journaux. Effet salutaire d'une crise d'identité allemande et européenne qui permet et exige une réflexion sur l'Europe beaucoup plus publique et anticipée qu'auparavant. Une telle articulation, si cacophonique soit-elle, n'a pas seulement l'effet purgatoire que l'on connaît, elle est la condition *sine qua non* pour que les accords de Maastricht trouvent un large consensus au-delà d'une passion angélique, d'une réticence frileuse et d'une instrumentalisation utilitariste, dans la sérénité. Une telle constatation n'a rien de spécifique à l'Allemagne. La phrase de Jacques Jacquet-Francillon, commentant dans *Le Figaro* du 2 octobre 1989 les cris de joie des réfugiés est-allemands de Prague et de Varsovie, n'a perdu ni sa beauté ni son sens : « Pourquoi rejetterions-nous frileusement l'idée que ce "Heimat" ne signifiera pas demain "Europe" pour ces hommes rendus à la liberté ? Y voir un danger, au lieu d'une force nouvelle serait marcher à contre-courant de l'histoire. »

Les accords de Maastricht ont déclenché un débat qui peut contribuer lui aussi à ce que le « Heimat » de chacun signifie « Europe » pour tous. À nous tous d'orienter ce débat dans la bonne direction.

II

Bien des différends ont pesé en cette année 1993 sur le tandem franco-allemand, et les médias s'en sont fait largement l'écho. Les grandes questions de la politique européenne ont presque toutes, un moment donné, des pommes de discorde ou se prêtent du moins à des « brouilles » bilatérales. De plus, les opinions publiques des deux côtés, surtout en France, n'ont pas favorisé, la solidarité – par exemple, la « Buba » (la Banque fédérale allemande) servit facilement de prétexte aux Français, au-delà des problèmes réels qu'elle causait, pour excuser une bonne partie des problèmes intérieurs.

Certes, pour celui qui se souvient du long passé de coopération entre Bonn et Paris, aucun des dossiers ne paraissait en lui-même assez important pour faire grincer la machine franco-allemande. Encore faut-il aussi rappeler que beaucoup de problèmes sont non seulement le résultat de contraintes communes, mais témoignent aussi paradoxalement du souci permanent de coordonner les politiques. La France a moins de problèmes avec le Royaume-Uni, par exemple, parce qu'elle cherche moins à dégager avec ce pays des positions communes. En outre, l'appareil politique de la coopération franco-allemande n'a jamais été aussi efficace qu'actuellement, la volonté politique de surmonter les obstacles restant une donnée fondamentale. Cependant, ce qui rend la crise inédite, c'est une véritable condensation de toute une série de problèmes. C'est ce qui désoriente la classe politique des deux côtés du Rhin, confrontée par ailleurs à de considérables problèmes intérieurs d'ordre social et économique.

Ce qui complique encore l'affaire et lui donne un aspect singulier, c'est la profonde désorientation dans laquelle se retrouvent les deux pays suite au bouleversement de l'« ordre » d'après-guerre en Europe. Malgré eux, ils ont perdu leurs statut et rôle d'antan : l'Allemagne s'est retrouvée réunifiée avec une unité nationale que les uns acceptent comme le début d'une « normalisation » en Europe et dans le monde, et que d'autres considèrent comme un cadeau empoisonné ; la France se retrouve de son côté parfaitement « désingularisée », au détriment de son statut de grande moyenne puissance à part.

Quelle nouvelle Allemagne ? Quel nouveau rôle pour la France ? Dans les deux pays règnent la même question et la même fin des certitudes d'après-guerre, sans qu'on n'ait trouvé des réponses et des nouvelles certitudes. En outre, cette même désorientation structurelle se retrouve aggravée par une même récession qui a mis fin aux acquis économiques et sociaux des dernières décennies, le printemps du marché unique s'étant transformé en automne européen.

Ce problème de la définition du rôle respectif de la France et de l'Allemagne n'est cependant que la variante nationale d'une interrogation globale. L'Europe entière, une fois retrouvée son unité, a du mal à définir son destin politique. Tout en poursuivant son ancienne logique d'intégration, avec la création de l'Union européenne, la dynamique communautaire se trouve bloquée : en effet, les contraintes de l'élargissement d'un côté, et une nette lassitude européenne des populations concernées de l'autre, ont provoqué une « eurosclérose » préoccupante. Dans cette situation, les deux pays leaders de la politique européenne et communautaire, la RFA et la France, bien qu'ils aient joué un rôle déterminant dans l'élaboration du traité de Maastricht, n'ont toujours pas de vision commune de l'Europe, c'est-à-dire une vision concrète de ce que doit devenir le continent, des modalités de son évolution future, des limites géographiques de la construction européenne.

Les deux pays ne sont pas non plus parvenus à une conception commune de l'organisation interne de l'Union européenne, des équilibres à établir entre composantes nationales/régionales, supranationales/communautaires, gouvernementales/ intergouvernementales. Sans parler de la place de l'Union européenne dans le monde.

Ainsi retrouvons-nous au niveau européen des clivages analogues à ceux que l'on peut constater concernant la définition de la nation. Non seulement l'Allemagne et la France ne rêvent pas de la même Europe, mais les Allemands et les Français eux-mêmes, chacun dans leur cadre national, ne partagent pas le même rêve européen.

L'ensemble de ces facteurs de crise, à différents niveaux, entraîne la coopération franco-allemande dans un engrenage de complications rarement vécues auparavant (bien qu'il faille se garder de ce genre de qualificatif « historique »). La volonté politique est là, dans les deux pays, pour que la machine de coopération ne grince pas trop, et cette volonté est aussi remarquable que l'ampleur des problèmes ! Mais ce n'est pourtant qu'une volonté qui se borne au règlement des difficultés de la routine quotidienne, c'est-à-dire la volonté d'une administration, pas plus. Ce n'est pas la volonté d'une élite créatrice prête à renverser le cours de la bataille européenne et à passer de la retraite à l'offensive.

Le risque que nous courons des deux côtés du Rhin pour

les affaires franco-allemandes est le même que celui que nous vivons déjà pour les affaires européennes : que le consensus qui soutient la machine franco-allemande se brise de la même manière que s'est brisé le consensus européen autour de la machine euro-communautaire. Tant qu'il est à la mode d'être « franco-allemand », nous vivons encore dans le meilleur des mondes entre Paris et Bonn. Mais gare lorsque les adversaires de l'intégration européenne commenceront à s'en prendre au Traité de l'Élysée, quand les nostalgiques de la Nation se révolteront contre le tandem Paris/Bonn. Une telle révolte ne prendra pas forcément la forme d'une « phobie » de l'un contre l'autre. La mise en question la plus dangereuse, car véritable poison doux, sera le plaidoyer pour une « division des responsabilités » entre Paris et Bonn/Berlin : à la France le Sud et la Méditerranée, à l'Allemagne l'Est (et le Nord ?). Non seulement un tel argument méconnaîtrait toute une histoire contraire à une division de travail aussi simpliste que fausse, mais en plus, elle ne ferait que réveiller certains démons de l'histoire récente européenne et franco-allemande.

Une mise en question de l'esprit de l'Élysée (ou de Reims où de Gaulle et Adenauer avaient célébré leur messe de réconciliation), à la manière de la contestation du traité de Maastricht, serait d'autant plus néfaste que le tissu franco-allemand est beaucoup plus fragile qu'on ne le pense. Regardons de près dans nos institutions, partis, groupes, entreprises, etc. et comptons les personnes à parler vraiment la langue de l'Autre, à connaître vraiment la culture, l'histoire et la civilisation de l'Autre, à comprendre vraiment l'héritage commun de notre destin politique. Ils ne sont pas nombreux, ni VIP ni VRP, en tout cas pas assez pour contrebalancer une éventuelle dégradation de l'esprit du traité de l'Élysée.

Certes, il pourrait parfois être tentant de vouloir compter les amis en période de tempêtes, pour renforcer l'esprit de résistance. Mais nos acquis sont trop précieux pour les mettre en péril avec de tels motifs. Il ne faut pas seulement serrer les rangs, il faut surtout les élargir. Il nous faut recréer un esprit d'union franco-allemande qui puisse faire face à une dégradation de la coopération européenne.

Il est bien beau de saluer les identités tribales en France, en Bavière, en Wallonie, etc. Mais n'oublions pas que, dans le passé, nous avons payé cher nos «tribalismes», et n'oublions pas non plus que l'Europe, au niveau mondial, n'est qu'une tribu. Comme l'a dit Paul Valéry lors d'un entretien avec des physiciens, à l'Université de Strasbourg, à propos de l'esprit européen fin 1918 : «Cela se complique, cela devient intéressant. »

13

Le triangle
Allemagne-France-Québec

Il ne peut pas s'agir ici de résumer et de comparer en détail la genèse et le développement historique de l'identité nationale, que ce soit en France, en Allemagne ou au Québec. Il n'en reste pas moins qu'il est bon de rappeler quelques grandes lignes de force en ce qui concerne le concept de nation dans ces trois pays. Ceci rapidement, de façon plus que préliminaire et quelque peu simplificatrice, car il nous serait sinon impossible de comprendre certains phénomènes du présent, tels qu'on a pu les vivre à l'occasion des débats sur Maastricht en Europe, et sur Charlottetown au Québec.

Commençons par résumer quelques paramètres historiques des concepts d'identité nationale, indissociables de la formation de ces trois communautés, qui se sont réalisées de manière fort différente dans les trois espaces historiques considérés.

Ce chapitre s'appuie sur le texte d'une conférence donnée par l'auteur à l'Université de Montréal, Faculté des arts et des sciences, le 15 avril 1993. Pour cette publication, le texte fut enrichi par quelques éléments de réflexion supplémentaires, sans pour autant changer le cadre du texte original. Il a été publié dans la revue *L'Agora* (Québec), vol. 2, n° 3, 1994, p. 24-27.

I

D'un côté du Rhin, la France. Quelle évolution ! Du « beau pré carré » à l'hexagone actuel, du Royaume capétien séculier à l'État-nation républicain, de l'ancien régime centralisé à la Grande Révolution – cette Révolution qui remodèle la France et, sur son modèle d'État-nation, d'autres parties de l'Europe –, cette « République une et indivisible », dont le peuple s'élève au rang de nation et se dote d'un État propre. Quelle ligne de force pour ce pays qui a pu, en 1987, célébrer ses mille ans de continuité étatique et, deux ans plus tard, avec la même sérénité, le bicentenaire de sa Révolution !

La plus grande crise récente de la nation française, la défaite de 1940 et les années noires du Régime de Vichy, a été certes une rupture. L'État français de Vichy brisa de sa propre volonté la filière républicaine ; de plus, face au jugement de l'histoire, son action trahit la patrie, discrédita profondément le nationalisme de la droite historique (maurrassienne) et créa le traumatisme de la « collaboration ». Mais l'existence de la « France libre », réclamant la continuité légitime des valeurs républicaines d'une « certaine idée de la France » (de Gaulle), et surtout sa victoire, voilà un contre-courant idéologiquement et psychologiquement puissant ! De Gaulle victorieux, qui incarne un consensus national, et repositionne la France, c'est-à-dire la nation française, à son « rang ». Comme il l'écrit lui-même dans ses *Mémoires d'espoir*[1] :

> Cependant, en fin de compte, elle [la nation française] était sortie du drame intacte dans ses frontières et dans son unité, disposant d'elle-même et au rang des vainqueurs. Rien ne l'empêche donc, maintenant, d'être telle qu'elle l'entend et de se conduire comme elle veut. D'autant mieux que, pour la première fois dans son histoire, elle n'est étreinte par aucune menace d'aucun voisin immédiat. L'Allemagne, démembrée, s'est effondrée en tant que puissance redoutable et dominatrice.

1. Charles de Gaulle, *Mémoires d'espoir*, Paris, Omnibus/Plon, 1994, p. 132.

Qui veut comprendre la France d'aujourd'hui ne le peut sans comprendre comment celui qui a lancé l'appel historique aux Français le 18 juin 1940, a pu sauver l'idée de la France. En rompant avec la France légale, de Gaulle sauva la France légitime et l'idée de la nation.

De l'autre côté du Rhin, l'Allemagne. Quelle recherche perpétuelle d'une identité nationale et étatique au centre de l'Europe! Quels bouleversements et effondrements territoriaux et politiques : du *sacrum imperium romain germanique* du Moyen Âge au *Reich* informe qui s'éclipsa en 315 territoires, 1500 ordres chevaleresques (*Reichsritterschaften*) et 51 villes libres, donnant aux Allemands comme seule identité commune celle de leur langue et de leur culture. De la «petite Allemagne» bismarckienne à la République de Weimar sans républicains, du *Reich* nazi à une Allemagne démembrée et effondrée, héritant d'une délégitimation politique, morale et historique du nationalisme allemand et de l'État-nation allemand, délégitimation d'ailleurs totale. L'Allemagne récente, allant de deux États antagonistes sur le sol allemand à la RFA «bis» d'aujourd'hui, devenue pour la première fois depuis 1949 un État pleinement souverain.

Ce n'est donc qu'en octobre 1990, avec la disparition de la RDA, que l'Allemagne reprend et achève son unité territoriale et étatique. L'Allemagne trouve ainsi pour la première fois dans son histoire une forme d'État-nation dans laquelle État, territoire et peuple sont considérés par les Allemands eux-mêmes et par leurs voisins européens comme étant identiques et achevés. L'État étant pour la première fois un État de droit, fédéral et démocratique. La question allemande, en tant que question territoriale, politique et européenne, semble être close.

Cependant, la ruse de l'Histoire nous conduit à un retour de la nation. Non seulement en Europe de l'Est et en Europe centrale, où la nation et le nationalisme prennent leur revanche sur quarante ans d'amnésie historique, mais l'Allemagne elle-même redécouvre une entité nationale qu'elle croyait perdue depuis 1945 : elle se retrouve dans l'obligation et la difficulté de se prouver à elle-même et à ses voisins et alliés qu'elle est en train de devenir une nation normale, tout en sachant qu'elle tenait sa réussite antérieure de sa politique post-nationale.

En résumé, une chose devient certaine à regarder la France et l'Allemagne : à partir d'un héritage commun, ce sont deux voies fort divergentes qui aboutissent à la formation des deux nations. Et l'on pourrait citer à ce sujet Robert Aron, qui écrit en 1946 à la vue de la nation allemande brisée la phrase suivante : « Contrairement à l'homme français qui a été fait par la patrie française, l'homme allemand par une opération inverse a dû fabriquer et doit sans cesse refabriquer sa patrie[2]. »

Par ailleurs, jamais dans l'histoire l'Allemagne n'a connu quelque chose qui ressemble de près ou de loin à cette identité de la nation et de l'État développée en France. Il n'y a jamais eu de « question française ». Avec le premier roi de France, Hugues Capet (987-996), la question française a été résolue avant même que l'histoire n'ait pu la poser. En revanche, les Allemands et les Européens ont vécu – au moins jusqu'au 3 octobre 1990, et encore aujourd'hui – avec la « question allemande ». Jamais, sur le sol allemand, la conception de la nation ne se confond étroitement avec celle de la République comme cela a été le cas en France, d'autant que la conception française de la République reste liée de manière indissoluble à l'événement clé qu'est la Révolution de 1789.

Ce n'est que tardivement qu'apparaît en Allemagne fédérale une sorte d'équivalent au républicanisme, sous forme de « patriotisme constitutionnel » (*Verfassungspatriotismus*). Mais

2. Robert Aron, « Unité allemande ou fédéralisme », La NEF, n° 22, septembre 1946, p. 46-56, p. 46.

restant lié aux valeurs générales d'une démocratie occidentale, ce patriotisme politique est loin de remplacer la représentation du concept historique État-Nation-République. De
plus, étant essentiellement l'affaire d'une poignée d'intellectuels, il est loin de représenter un consensus dit « national ».
En même temps, ce patriotisme constitutionnel illustre plutôt
une distance prise vis-à-vis de l'État, la constitution devenant
ainsi la seule référence de la culture politique, au détriment
de l'autorité de l'État. Il n'en reste pas moins que la formation de la nouvelle unité allemande, dès 1990, a changé certains paramètres historiques : l'unification a contribué au
retour d'une certaine idée de la nation allemande, cette dernière ayant retrouvé un cadre étatique qui n'existait pas alors.
Ce nouveau nationalisme allemand, cependant, ne se fonde
plus sur la seule ethnicité allemande, comme au XIXe siècle,
mais se rallie irréversiblement à l'idée d'une démocratie de
type occidental – avec la spécificité du patriotisme constitutionnel, dans le cadre de l'intégration européenne. Nous
constatons une évolution analogue en France, dans la mesure
où « l'exception française », avec son idée de « République une
et indivisible », se fissure sous l'impact des acquis européens,
et se heurte de plus en plus à la mémoire de longue durée des
identités régionales.

Voici pour la France et l'Allemagne, dont les deux histoires, d'ailleurs, s'enchaînent pour le meilleur et pour le pire[3].
Reste le troisième pays de référence, le Québec. Quelle valse-
hésitation depuis les premiers pas de la Nouvelle-France,
allant de la baie d'Hudson au golfe du Mexique, du régime
seigneurial au régime Duplessis, de la Révolution tranquille à
la démission de René Lévesque, du Canada des deux peuples
fondateurs au Canada multiculturel, des anciens Canadiens
aux Canadiens français, de ces derniers aux Québécois, de

---

3. Joseph Rovan, *France-Allemagne*, Julliard, Paris, 1993.

l'appel pour l'indépendance québécoise à la demande d'une société distincte, de René Lévesque à Pierre Elliot Trudeau.

Au fait, qu'est-ce que le Québec? Une province canadienne? Un peuple? Une nation? Un État-nation? Une société distincte? Le noyau ou l'ange-gardien du Canada francophone, voire de la francophonie en Amérique du Nord? Une Acadie épargnée? L'observateur d'Outre-Atlantique est confronté à une gamme de discours d'identité assez différents et troublants. D'un côté, un nationalisme québécois au sens romantique du terme de nation. Une « québécitude » (Jean Éthier-Blais) qui fait bande à part face au reste du Canada, qui représente une entité moderne, dans le sens volontariste et républicain du terme. De l'autre côté, un discours rationaliste sur une société dite distincte qui, tout en faisant partie du reste d'une nation canadienne, doit garder certains de ses aspects particuliers eu égard à sa société civile, sa langue et sa culture.

En résumant ces quelques lignes de forces historiques, on constate non seulement la séparation physique, politique et idéologique entre la France et sa fille aînée, l'ancienne Nouvelle-France, depuis la blessure de la Conquête, mais aussi une séparation des acheminements au niveau de leurs identités collectives. D'un côté, la France qui se tourne vers un État-Nation-République bien limité sur le plan territorial et politique, avec une conception de la citoyenneté radicalement républicaine et laïque, non romantique, non organiciste et non historiciste. De l'autre côté de l'Atlantique, la Nouvelle-France, se réduisant après la Conquête au Canada, puis au Canada français, celui-ci se réduisant au Bas-Canada puis au Québec, avec une diaspora francophone plus ou moins moribonde dans d'autres provinces canadiennes et américaines. Ce pays qui n'aspire plus à l'indépendance, sur le modèle d'autres colonies, mais qui survit en tant qu'entité nationale grâce à sa conception historiciste de la nation, grâce à son idée de peuple héroïque et martyr à la fois, et grâce à un pacte de collaboration, un « pacte faustien », entre le Canada britannique et le clergé canadien, ce clergé seul représentant de la culture, de la conscience nationale, seule élite. Ainsi, après la Conquête, ce pays de « Province of Quebec » devient plus isolé et plus homogène qu'il ne l'avait jamais été jusque-là. Nous connaissons la suite : la houlette de Duplessis, qui s'efforce de garder la société et la culture québécoise telles quelles, à savoir dans sa forme extérieure préindustrielle, les contradictions qui en résultent, préparant le terrain de ce qu'on appelle la Révolution tranquille et l'avènement du Québec moderne.

II

Il n'y a jamais eu de « question française ». Il y a toujours eu une « question allemande ». Qu'est-ce que la question allemande ? En termes abstraits, c'est d'abord le complexe de l'organisation territoriale et nationale, ainsi que de la constitution politique, sociétale et économique des Allemands dans l'espace de l'Europe centrale. C'est ensuite la position précaire des Allemands dans « l'équilibre européen » et dans le système international des États. Ce sont finalement tous les problèmes et défis qui en résultent. Bref, c'est la recherche perpétuelle et – jusqu'à 1990 – non résolue par les Allemands de leur identité territoriale et politique, régionale et nationale, nationale et européenne.

Une analogie fort intéressante existe entre l'Allemagne et le Québec. Certes, toute analogie a ses limites. Mais, pour ainsi dire, il y a une « question allemande », il y a une « question du Québec ». Cette quête d'identité territoriale, politique et nationale n'accompagne-t-elle pas les Allemands du Saint Empire jusqu'aux Allemands d'après-guerre, comme cela a été le cas pour les Canadiens français jusqu'aux Québécois ? Ne parlons pas des différences dans le détail, dans les proportions et dans le résultat, elles sont évidentes. Regardons plutôt la parenté du destin. Il y avait une « question allemande » en tant que question nationale ; on ne la clôt qu'en 1990, et encore... Il y avait et il y a toujours une « question québécoise ».

Pendant des siècles, les populations de langue allemande furent aussi éparpillés en Europe centrale que les gens de langue française en Amérique – toutes proportions gardées, bien entendu. Chaque communauté avait son coffre-fort territorial qui garantissait sa survie, mais la morphologie territoriale et politique dans son ensemble restait confuse, floue, non définie. Les deux communautés ont été marquées par des blessures historiques qui ont forgé leurs identités collectives, nationales, et que les pays, une fois adultes, portent toujours en eux-mêmes.

D'un côté, une guerre longue et terrible, l'abandon de la mère patrie française et, par la suite, la Conquête par l'Angleterre. Les anciens Canadiens survivent en tant que communauté culturelle, linguistique et spirituelle grâce à ce pacte faustien entre le conquérant et le conquis. De l'autre côté, en Allemagne ou dans les Allemagnes, la guerre de Trente Ans, qui laisse derrière elle un pays en décombres territoriaux, politiques, culturels et spirituels, un coup quasi mortel à la nation allemande avant la lettre. Les Allemands survivent en tant que communauté linguistique et culturelle, en tant que *Kulturnation*, vivant dorénavant en otages d'un système de « supervision internationale » mis en place par ses voisins, notamment la France et la Suède.

D'une part, la situation allemande lors des campagnes napoléoniennes. Sur les ruines du Saint Empire se déroula – en accéléré – un processus de désillusion après toute une période de sympathie avec la Révolution française. N'oublions pas le respect et l'admiration que Goethe porta à Napoléon depuis leur rencontre à Erfurt en 1807. La conquête française démantela les structures féodales afin de mettre en place un rationalisme territorial et politique, introduisit avec le *Code civil* l'État de droit et l'égalité politique, et « importa » l'idée de la nation issue de la mouvance de la Révolution française. Napoléon Bonaparte créa ainsi les conditions d'une identité nouvelle, nationale, des Allemands. Lorsque le pouvoir vira en domination étrangère ouverte, il fut perçu comme tel ; dans le miroir des « guerres de libération » face à Napoléon fut créé le souvenir d'une domination étrangère présente dès le commencement ; ainsi furent façonnés les paramètres historiques de la « haine du Français », qu'éprouvèrent les Allemands au XIXe siècle. Les romantiques nationaux allemands identifièrent rapidement le caractère politique des mouvements allemands d'émancipation, et y joignirent l'invention d'une nostalgique et moyenâgeuse idée du *Reich*. Bref, le régime français dans une Allemagne à la recherche d'elle-même produisit – malgré la France – les fondements matériels et idéologiques d'une Allemagne moderne *in statu nascendi*.

D'autre part, un processus étonnamment analogue au Québec. N'oublions pas que ce fut le vainqueur britannique de 1763 qui – en apportant le rationalisme politique anglais, en créant un territoire limité, la « *Province of Quebec* », dans laquelle les Canadiens français restèrent largement entre eux – créa au profit des Canadiens français les premières conditions d'un *nation building*. Ce qui signifie que les fondements de leur propre société civile franco-canadienne – limitée, et donc définie, par des données territoriales et ethniques – dotée de leur propre classe politique (clergé, hommes politiques, etc.) et, pour la première fois, de leurs propres instruments d'impression ou d'opinion publique (presse, etc.). Ce *nation building* précoce fut renforcé par le *Quebec Act* de 1774 et le *Constitutional Act* de 1791, qui dotèrent les Canadiens de la toute première démocratie du monde et de droits parlementaires plus étendus que ceux dont jouissaient les Britanniques en Grande-Bretagne[4]. Ainsi germa – sous le contrôle des vainqueurs historiques – une culture politique des Canadiens permettant, à côté du clergé, l'émergence d'un libéralisme qui se sentait plus proche de la Grande-Bretagne parlementaire britannique que de la France absolutiste puis révolutionnaire, ou encore de l'Amérique puritaine. Toutefois, ce libéralisme contenait également en puissance une insubordination face aux Britanniques qui éclata lorsque les (Franco-)Canadiens, à partir de 1820, revendiquèrent avec plus de voix des droits de contrôle parlementaire plus étendus et qu'ils ne purent se faire entendre.

Cette insubordination libérale, comparable au *Vormärz* allemand préparant la révolution allemande en 1848, trouva son paroxysme dans la Rébellion des patriotes, qui tourna en échec – comme la révolution allemande. Pour les Canadiens français, ce fut la genèse d'un traumatisme historique. La répression des patriotes et les sanctions des Franco-canadiens, qu'institutionnalisa l'*Union Act* de 1840, constituèrent leur véritable défaite historique, dans la mesure où ces derniers ressentirent ces événements comme une déception traumatisante envers les Britanniques, qui se révélèrent être les conquérants de 1763. Les Canadiens français revécurent à travers les sanctions de 1840 la défaite de 1760. Cette double déception suscitée par les Britanniques fit que la relation avec la France, jusqu'alors lointaine et plutôt distanciée, se transforma en une nostalgie jusqu'à présent inconnue de la vieille France et de ses colonies d'Amérique du Nord perdues à jamais. Le pays d'origine, qui avait laissé tomber sa « fille

4. En Grande-Bretagne, les Canadiens bénéficiaient non du droit de vote censitaire, qui valait uniquement pour les hommes, mais du droit de vote pour les « chefs de famille » ; cette définition introduisit le vote des femmes – au grand déplaisir du clergé catholique. Supprimé en 1840, ce n'est qu'au XXe siècle que ce dernier fut réintroduit.

aînée » en 1763, avait soutenu les Américains dans leurs guerres contre les Canadiens à deux reprises, en 1775 et 1812-1814, et avait vendu la Louisiane en 1804 aux États-Unis, eut la chance d'être réhabilité dans le prisme de la déception de 1840 et de devenir ce qu'il fut dorénavant : la mère-patrie idéalisée.

La France et la Nouvelle-France firent alors leur entrée dans la culture mémorielle des Franco-canadiens, en tant que références centrales de leur affirmation culturello-linguistique, et prirent la place ambivalente qu'avait jusqu'alors l'Angleterre, autrefois considérée par Voltaire comme modèle politique. L'intensité de cette complexe déception suscitée par la Grande-Bretagne toucha toute une génération, celle qui s'apprêtait au milieu du XIXᵉ siècle à rédiger la mémoire de la nation franco-canadienne et à lui apposer le *diktat* d'un passé réinterprété. Ce qui fut en Allemagne le mirage nostalgique du *Reich* moyenâgeux dans le prisme d'une distance prise vis-à-vis de la France fut, au Canada français, le mirage nostalgique d'une Nouvelle-France idéalisée, dans une prise de distance vis-à-vis de la Grande-Bretagne.

En analogie avec l'émergence des nouvelles énergies nationales en Allemagne et leur transfert en romantisme politique, nous constatons comme conséquence de la défaite des patriotes, le transfert de l'énergie nationale des Canadiens français du domaine du libéralisme politique et de l'autodétermination nationale aux valeurs spirituelles et intellectuelles associées à un catholicisme messianique et à un romantisme national. Dans les pays allemands, l'échec des aspirations démocratiques et unitaires après le soulèvement contre Napoléon, l'échec du *Vormärz* et de la révolution de 1848 aboutit au transfert de l'énergie du libéralisme politique au domaine culturel et spirituel, avec comme résultat la *machtgeschützte Innerlichkeit*, l'exil intérieur de la bourgeoisie allemande libérale. Dans les deux cas, les certitudes identitaires ont ainsi pu être sauvegardées ; mais dans les deux cas est apparue une impuissance à trouver un équilibre national, au-delà des allures de rêves dans le politique.

Les deux communautés, Allemands et Canadiens français, à la recherche de leur identité au cours de l'histoire, se sont défendus en ayant recours à une définition du peuple et de la nation qui obéissait plutôt à une logique romantique et organiciste, historiciste et collective, bref ethnique, qui renvoie à l'idée de nation-génie et d'âme collective, aux empreintes héroïques et martyrologiques à la fois. Le nationalisme allemand et le nationalisme québécois, tout en marchant dès 1871 dans deux directions radicalement différentes, se présentent longtemps tous les deux comme un nationalisme romantique défensif, dont les éléments constitutifs sont la langue, la culture, la descendance et le sang, ainsi qu'une certaine idée d'héroïsme de peuple élu sacrifié. Sans aller trop loin dans la comparaison, nous nous permettons de dire avec Robert Aron que, dans la perspective historique du moins, la question qui se posait aux Allemands et aux Québécois était « à tout instant, d'être héroïque ou de n'être pas ». Admettons cependant que cette idée d'héroïsme prit finalement, dans les deux pays, une tournure différente, et que la version allemande déboucha sur une réalisation fatale, tragique et démoralisante, celle du peuple-bourreau.

Dans les deux communautés, traditionnellement et à quelques exceptions près, l'ancien nationalisme avait été de droite – une différence supplémentaire avec le nationalisme républicain français ; le mouvement ouvrier allemand et québécois s'est plutôt méfié de ce nationalisme parce que ses tenants n'ont jamais particulièrement défendu les ouvriers, faisant passer la défense de la cause allemande ou francophone avant la question sociale.

Aujourd'hui, il y a dans les deux communautés un débat contradictoire sur la nationalité. Des débats qui, sous la pression de l'immigration et de la mondialisation, mettent en cause, en Allemagne, la pratique même du code de la nationalité et, au Québec, la vision traditionnelle de l'identité québécoise. Des débats qui ont à ce propos également commencé en France, d'ailleurs dans le sens inverse du débat allemand. N'allons pas plus loin dans notre comparaison à ce niveau, car les différences entre les deux pays sont trop évidentes. En tout cas, l'ancienne vision allemande de la nationalité, de source organiciste, reste plutôt une exception dans le reste de l'Europe des Douze, dans la même mesure que la vision traditionnelle de la nation québécoise fait cavalier seul dans le Canada anglophone. Les deux communautés ont un mal historique à définir leur référence nationale dans leur contexte respectif, le Québec au sein du Canada, l'Allemagne au sein d'une Europe qui se veut intégrée.

L'allusion à l'Europe nous invite à repenser une autre analogie entre le Québec et l'Allemagne fédérale, analogie qui nous rapproche des enjeux liés aux noms de Maastricht et de Charlottetown. L'Allemagne fédérale d'après-guerre vivait son absence d'État-nation, sa dé-légitimation totale du nationalisme allemand au profit de l'Europe, définie par certains – par la suite – comme une sorte de patriotisme de remplacement. L'Europe se définissait dans la RFA d'après-guerre comme la nouvelle donne prometteuse au détriment d'une nation en suspens et d'un nationalisme discrédité. L'Allemand de l'Ouest se mettait en position supranationale, prêt à éduquer ses voisins vers une Europe intégrée. La France, on l'aimait bien, mais on se moquait aussi de son culte de l'État-nation que l'on jugeait rétrograde.

En même temps, l'Europe se prêtait aux Allemands de l'Ouest comme le meilleur cadre pour articuler leurs intérêts nationaux, c'est-à-dire se réintégrer politiquement, économiquement, moralement dans la communauté internationale, tout en voulant résoudre par l'intermédiaire européen la question nationale : la question allemande.

Les Allemands vivaient donc dans une double structure, allemande et européenne, et pouvaient ainsi facilement passer de l'une à l'autre et retenir certains éléments de l'une et de l'autre. Cela leur facilitait la vie, stabilisait leur situation politique et leur permettait d'exprimer des ambitions propres par l'intermédiaire de l'Europe, de se présenter comme les meilleurs Européens tout en étant de bons Allemands et tout en refusant de définir ouvertement leurs « intérêts nationaux » – mot malsain dans le discours politique allemand. L'Europe et le nationalisme économique constituaient pour l'identité ouest-allemande deux moyens de s'affirmer.

Résultèrent de cette double structure certaines ambiguïtés ouest-allemandes entre un passé national, un avenir européen et – pour une certaine génération – un mythe américain. Le chancelier Konrad Adenauer n'avait pu mettre sur rail sa politique d'intégration européenne, donc anti-nationale, qu'en démontrant que cette politique supranationale était la seule voie vers la réunification nationale. Toute une ligne de force européenne dans la politique ouest-allemande restait dans cette logique. D'un autre côté, toute politique dite nationale ne pouvait se vendre aux Allemands de l'Ouest qu'en argumentant qu'elle était bonne pour l'Europe, bonne pour la paix, car, d'après une définition connue de l'historien allemand Karl-Dietrich Bracher datant de 1986, l'Allemagne occidentale était « une démocratie postnationale parmi des États-nations ».

Une telle double structure se retrouve également au Québec. Marcel Rioux, dans son livre *Un peuple dans le siècle*, évoque la double structure sociale et la double culture anglaise et française des Québécois ; celle-ci se traduirait selon lui par l'ambiguïté et l'ambivalence parce qu'il n'y aurait pas d'opposition perçue entre des choix ou des aspects qui devraient ou pourraient s'exclure. Cette « double ouverture des Québécois », terme de Marcel Rioux, peut être « sortie » et « exutoire » au niveau des individus, celui de la société humaine, de l'État et même du ciel.

> Québec ou Ottawa ou les deux. Si une organisation n'obtient pas ce qu'elle veut de l'État du Québec, elle peut aujourd'hui déchirer le fleurdelisé pour embrasser la feuille d'érable ; le contraire peut arriver. Maintenir une sorte d'équilibre entre les deux a toujours été une manière de sport national. [...] Enfin, au Québec, a toujours existé chez certaines fractions de classe une double ouverture vers l'Amérique du Nord et vers l'Europe, la France particulièrement[5].

Double ouverture aussi vers le « French Power » et le nationalisme québécois, admirablement décrit par Christian Dufour dans ses *Défis québécois*. Voter pour Lévesque au provincial et pour Trudeau au fédéral, croyant que c'était là la meilleure façon de défendre l'intérêt québécois, voilà une belle démonstration de cette « double ouverture » de l'identité québécoise, et en même temps, de son art de survivre, ainsi que du blocage politique qui en résulte.

Après ces quelques analogies germano-quécécoises, on peut certes se quereller sur les détails et les proportions. Mais ce qui frappe, c'est de découvrir cette analogie majeure : dans les deux cas, les pays adultes portent en eux les blessures de drames vécus dans l'histoire, celles qui les ont empêchés et les empêchent encore de devenir une nation *normale*. Ceci dit, force est de constater que la France ne rentre pas dans ces analogies. Cela n'exclut certes point d'autres analogies entre le Québec et sa mère patrie française, ou entre l'Allemagne et la France, ou encore entre les trois.

Prenons l'exemple de l'Allemagne comme dénominateur commun entre le Québec et la France. La guerre de Sept Ans (1756-63), qui s'acheva en marquant la fin de la Nouvelle-France, n'eut-elle pas pour point de départ le conflit entre les deux puissances allemandes rivales, la Prusse et la Saxe, qui

---

5. Marcel Rioux, *Un peuple dans le siècle*, Montréal, Boréal, 1990, p. 36-38.

devint une guerre européenne et mondiale (dans le théâtre militaire des colonies britanniques et françaises)? Cette guerre ne mit pas seulement fin à une France à cheval sur le continent européen et l'Amérique du Nord, mais provoqua cette histoire sans fin d'une certaine «Province of Quebec» à la merci des Britanniques et des Canadiens anglais.

Il n'est pas non plus inintéressant de rappeler les interférences politiques entre la France, l'Allemagne et le Bas-Canada (ainsi que l'Angleterre) lors du Congrès de Vienne en 1814. Le retour en force de l'Angleterre à ce Congrès de Paix, pour délimiter la nouvelle hégémonie d'une Prusse victorieuse, pour sauver la Saxe, alliée de Napoléon, contre les ambitions prussiennes, pour empêcher l'isolement de la France défaite, bref pour veiller sur l'équilibre allemand et européen, ne put-il pas également se réaliser grâce à sa victoire sur les Américains envahissant le Canada (1812-14), victoire que rendit possible le soutien des Canadiens français[6]?

Sans trop vouloir simplifier les faits, pensons en outre à l'impact direct et indirect qu'exerça l'Allemagne sur le Québec et la France à travers les deux guerres mondiales; à y regarder de plus près et à relire les manuels d'histoire sous cet angle, ce que l'on perçoit comme évident pour la France le devient également pour le Québec.

Il existe un autre événement allemand qui marqua les deux pays à sa manière. Il va de soi que la chute du Mur à Berlin en 1989 a changé les relations franco-allemandes en profondeur ainsi que les données de la société française et de la France. Qu'il me soit également permis ici de pointer un phénomène peut-être moins immédiatement perçu comme évident, à savoir les rapports occultes entre l'Allemagne et le Québec. Certes, la « question allemande » fut close et laissa la « question

---

6. Rappelons le fait souvent passé sous silence que la France napoléonienne était alors l'alliée des États-Unis, auxquels Napoléon venait de vendre la Louisiane.

du Québec » orpheline, mais ce n'est ici qu'un aspect secondaire. Le véritable impact est à chercher ailleurs : la réunification allemande fut le moteur vital d'une nouvelle phase de l'intégration européenne, entamée par le processus de Maastricht dès 1992, condition préalable de l'accord français à l'unité allemande. Le traité de Maastricht ne donna pas seulement un nouveau relief au débat franco-français sur l'État-nation, mais également au débat canado-québécois et québécois sur la question du Québec. Pour les uns, ce fut un argument en faveur du fédéralisme canadien unitaire ; pour les autres, cela justifia de corriger ce même fédéralisme en faveur d'une plus forte « régionalisation » intra-canadienne.

Ainsi, tout le débat sur l'indépendance québécoise échappa-t-il pour la première fois depuis « Maastricht » aux apories québéco-canadiennes et au nombrilisme québécois. Voilà qui nous amène à une dernière considération politique sur le triangle France-Allemagne-Québec, en mettant « Maastricht » en relation avec l'accord de Charlottetown, avorté dans l'année même de la signature du traité européen.

III

Le traité de Maastricht qui prévoit l'union économique et monétaire, et en second lieu l'union politique des Douze, puise dans deux sources : la première est le traité de Rome avec sa logique d'intégration européenne supranationale et intergouvernementale. La deuxième source est l'unité allemande de 1990, divine surprise pour les voisins de l'Allemagne et pour les Allemands eux-mêmes qui avaient fini par renvoyer un tel événement aux calendes grecques. Dans un réflexe historique pratiqué depuis 1949, la France, le voisin occidental le plus sensible au défi d'une éventuelle unité allemande, demandait d'accélérer la construction européenne. Ceci pour mieux compenser cette nouvelle force allemande au centre de l'Europe, pour «l'ancrer mieux à l'Ouest». Comme dans le passé, la France a voulu ancrer dans l'Ouest et dans l'Europe le nouveau potentiel économique politique et militaire de la jeune RFA et endiguer en même temps un atlantisme trop poussé de la part de Bonn.

Passons les détails et résumons le véritable défi de cette entreprise mise en œuvre par les élites politiques en Europe de l'Ouest représentant l'européanisme libéral.

Premier défi: «Maastricht», le premier pas concret vers la dissolution de la souveraineté nationale en Europe a lieu au moment même où l'Allemagne cesse d'être une démocratie postnationale et redevient un État national, en quelque sorte plus homogène encore que celui de 1871 créé par Bismarck.

Deuxième défi: la ratification des traités de Maastricht se déroule au moment même où le mouvement d'intégration, qui semblait devenir la nouvelle loi fondamentale en Europe, est contredit par un mouvement dramatique de désintégration à l'Est. Ce dernier entraîne une véritable réhabilitation de la nation et du nationalisme, comme dernier bastion face à une fragmentation quasi totale des sociétés. Mais ces mouvements de renationalisation ne sont pas le privilège de l'Europe de l'Est. On observe des courants analogues également à l'Ouest, notamment en France et en Allemagne, et ces courants traduisent un malaise profond des sociétés civiles occidentales.

Troisième défi: «Maastricht» est mis en avant par un pays, à savoir la France, qui représente en Europe l'État-nation par excellence. En prenant l'avant-garde d'un processus d'intégration dont le but logique est une communauté européenne postnationale, la classe politique française pro-européenne, c'est-à-dire pro-Maastricht, déclenche une sorte de guerre civile idéologique entre d'un côté les gagnants de l'Europe, les acteurs d'une modernisation et d'une mondialisation économiques et, d'autre part, les perdants de l'Europe, les victimes de ces modernisation et mondialisation. La désintégration de la société civile en une « France tribale » y ajoute des accents de crise. Tout cela débouche sur un « mal français » sans précédent, dont les socialistes devinrent les principales victimes.

La France se trouve en effet confrontée à une heure de vérité certes à prévoir, mais à laquelle la société française était mal préparée. D'un côté, la France était pour des raisons diverses l'un des acteurs les plus remarqués de la construction européenne. L'européanisation de la société française et des élites françaises a été l'une des transformations les plus marquantes des années 1980 : elle a mis fin, pour employer le jargon des experts, au « *sonderweg* français ».

En même temps, la continuité nationale marquait toutes les grandes lignes de la politique européenne de la France. Au fond, il s'agissait de prolonger le « mythe national » vers un « mythe européen », de rendre à la nation française une dimension européenne. En termes de politique de puissance, il s'agissait de considérer l'Europe comme une sorte de domaine réservé et l'instrumentaliser pour la poursuite du rang de la France dans le monde. Autrement dit, la politique européenne de la France cherchait à ancrer l'Allemagne à l'Ouest, conformément à ses ambitions historiques, mais surtout à compenser – entre autres – la perte de son rang mondial, la perte de ses colonies, la dégradation de sa chasse gardée qu'était la francophonie.

Ce concept avait certes sa logique confédérale ; il était contraire à toute philosophie supranationale. Mais la construction européenne en matière économique et monétaire avait sa propre dynamique : l'économie française avait et a encore besoin du marché commun unique pour se moderniser. Mitterrand et son premier gouvernement socialiste eux non plus ne purent échapper à ces contraintes économiques, monétaires et politiques. Et ils se donnèrent à cette nouvelle tâche, après une première valse-hésitation, avec le zèle du converti.

Tout cela a mis en lumière un dilemme qui touche la France plus encore que les autres pays : elle est coincée entre l'État national, la supranationalité et son « rang dans le monde ». Maastricht a accéléré de façon imprévue un débat qui touche au for intérieur de l'État-nation et de l'identité nationale. Force est de constater que le pays dans son ensemble est mal préparé à cette heure de vérité.

La France n'est pas seule à se trouver dans le dilemme d'une heure de vérité en ce qui concerne certaines contradictions entre identité nationale d'un côté et ambitions et logique européennes de l'autre. L'Allemagne, le meilleur élève de la classe européenne supranationale depuis 1950, signa le traité de Maastricht au moment même où elle achevait malgré elle sa période postnationale. Et elle se retrouva dans le statut d'un État-nation qui dispose pour la première fois depuis 1945 de la pleine souveraineté. En même temps, elle doit à cette unité nationale fraîchement acquise une crise sociale et économique qui s'est transformée en crise de société civile, bref, en une crise nationale sans précédent depuis 1949. Et gare s'il y avait eu en Allemagne un référendum sur Maastricht comme ce fut le cas au Danemark, en Irlande et en France.

Deux éléments constitutifs du zèle allemand supranational se trouvent soudain mis en cause : son état d'âme postnational, ainsi que sa stabilité et sa prospérité intérieures. Les partis politiques établis subissent une profonde crise de légitimation et de capacité d'intégration ; d'où résulte la renaissance d'une droite nationaliste. Ce courant nationaliste exprime une nouvelle tonalité anti-européenne axée sur l'image négative, bureaucratique et même non démocratique de Bruxelles, ainsi que sur le mythe d'un Deutschemark menacé.

En même temps, l'unité allemande qui entraîne une nouvelle responsabilité du pays dans les affaires internationales renforce une sorte de « cryptonationalisme » pacifiste de gauche libérale. Cela signifie que c'est le courant pacifiste qui – pour des raisons hautement morales eu égard au cauchemar nazi – insiste sur une position de désistement dans les affaires internationales et proclame ainsi un *sonderweg* allemand qui revient à une position de national-neutralisme. À part les considérations très générales sur l'issue de l'intégration européenne, qui entraîne des responsabilités partagées, des responsabilités collectives, il convient de se demander comment l'Allemagne peut rester un allié fiable dans les structures d'intégrations militaires et politiques actuelles, dont elle s'était toujours considérée comme le meilleur élève, tant qu'elle refuse de mettre en œuvre un engagement signé.

La situation devient d'autant plus paradoxale qu'un tel cryptonationalisme pacifiste s'appuie sur des acteurs qui ont été les plus fidèles avocats de la démocratie postnationale. Ce « crypto-nationalisme pacifiste » ne rappelle-t-il pas la querelle canado-québécoise sur la conscription ?

Ces quelques propos sur le défi de Maastricht ne sont pas sans évoquer l'entente de Charlottetown, sans que l'on cherche bien entendu à les assimiler.

Mais remarquons d'abord que cela fut dans les deux cas une gifle pour la classe politique qui avait pris un engagement politico-normatif, mais qui fut par la suite désavouée par sa population, au Canada d'ailleurs plus clairement qu'en Europe. Il y a dans ce comportement électoral un signe de crise commune de la société civile et de la culture politique. Mais cette analyse dépasserait le cadre de ce texte.

Constatons en deuxième lieu que pour tous les trois pays, cela a représenté une heure de vérité et la révélation de dilemmes historiques qui s'ensuivent.

Maastricht a été lancé dans le but suprême de l'unité européenne, idéal attendu par la majorité des Européens. Concrètement, le traité est la tentative de réorganiser les rapports de force entre les divers éléments de la construction européenne, d'équilibrer la logique supranationale et intergouvernementale. Mais ceci – finalement – au détriment de l'État-nation.

Charlottetown a été lancé dans le but suprême de débloquer une situation constitutionnelle qui depuis 1982 laisse en suspens la définition de l'identité canadienne et québécoise. Concrètement, cela a été la tentative de redéfinir les éléments constitutifs du Canada moderne : Ottawa et les provinces, le Canada anglophone et le Québec, les franco-canadiens et les allophones, les « premières nations » et les immigrants, l'ancienne dualité culturelle et le nouveau multiculturalisme, les droits individuels et les droits collectifs.

L'enjeu majeur pour le Québec fut la nouvelle philosophie constitutionnelle, lancée avec l'Accord avorté du Lac Meech. Au fond, celle-ci ne fait que sanctionner la nouvelle réalité canadienne multiforme en transformation précaire. Mais, aux yeux des Québécois, elle s'attaque à une image historique qui renvoie à la blessure de la Conquête. C'est l'image historique de la dualité culturelle et politique du Canada, l'image des « deux peuples fondateurs », image erronée qui cache – en termes de « roman d'amour » entre vaincus et conquérants – le fait qu'il n'y avait véritablement qu'un seul peuple fondateur de la nation canadienne : ces Canadiens francophones largement majoritaires qui, par la suite, vivant sous l'Acte de Québec (1774), ne se sont pas engagés à fond du côté du soulèvement américain.

« Charlottetown » a été donc, eu égard au Québec, une tentative formelle de redéfinir l'unité canadienne, et ce au détriment de l'image traditionnelle de l'identité québécoise, donc au détriment de la nation québécoise au sens du nationalisme québécois. L'ersatz accordé, depuis l'Accord du Lac Meech, fut le concept de « société distincte ». D'après Christian Dufour, celui-ci possède, un contenu minimal : une majorité française, une minorité anglaise, des liens avec le reste du Canada. Pour le reste, le concept se définit avant tout par sa frontière entre cette société et celle du reste du Canada. Contrairement aux minorités franco-canadiennes et au *French power* fédéral (Mulroney), les Québécois l'ont refusé dans leur grande majorité ; ils ont cette fois-ci pris l'autre sortie de la « double ouverture », sans pour autant renforcer le souverainisme qu'ils avaient refusé en 1980. En même temps, toute l'énergie nationale cherchant durant les années 1980 à refaçonner le référendum souverainiste, prévu pour le 26 octobre 1992, a été anéantie.

La stratégie de la « double ouverture[7] » a une fois de plus contribué à créer une impasse dont la sortie reste à trouver. Ceci ne dépasse pas seulement le cadre de nos réflexions, mais également les capacités des élites en place, confrontées à une entité québécoise post-nationale, pré-nationale et semi-nationale à la fois, et qui ne jouit pas de la souveraineté nationale étant donnée son implantation dans le fédéralisme canadien.

Un tel dilemme ne reste spécifique ni aux Québécois ni au reste du Canada. Rappelons la situation de l'Allemagne fédérale entre 1949 et 1990 : c'était un État-nation provisoire-transitoire, également post-national, pré-national et semi-national à la fois. Post-national, car l'idée nationale fut un résidu du passé ; pré-national, car le potentiel national continua à sombrer dans la question allemande non résolue ; semi-national, car l'Allemagne se reconstruit dans le cadre d'une construction européenne supranationale et intergouvernementale. Les contradictions ne furent pas résolues avec l'unification allemande, bien que celle-ci ait redonné à l'Allemagne unie son identité d'État-nation. Il y a aussi l'Europe, mise en marche par le processus de Maastricht.

---

7. Cette stratégie reste le secret de la survie de l'identité québécoise dans les conditions du conquis et la raison majeure du blocage politique permanent du nationalisme québécois.

L'Europe de Maastricht se trouve également dans une impasse, que ne règle nul européanisme verbal. L'État-nation, avec son côté d'identité nationale, son côté d'État de droit, son côté cadre-protecteur contre toute fragmentation et désintégration intérieure, reste le forum des citoyens et de la société civile. De même, la mondialisation et l'interdépendance des phénomènes politiques et économiques ont fait de la souveraineté nationale une belle chimère. Mais cette image a gardé une force qui reste supérieure à celle des acquis supranationaux. L'Europe ne peut pas se permettre de renoncer au but de l'unité, le Canada ne peut pas se permettre de renoncer à son unité acquise. Dans les deux cas, c'est une question de survie, pour l'entité en question, mais aussi pour les éléments constitutifs de cette entité. Chaque entité – ici le Canada, là-bas l'Europe – rencontre ses propres difficultés dans sa quête de la formule clé et de la pratique correspondante pour équilibrer les différents éléments de l'unité.

Mais dans les deux cas, le défi majeur est commun : comment équilibrer deux besoins contradictoires et complémentaires à la fois, l'intégration et l'identité ? Comment dépasser la frontière pour réussir l'intégration, comment garder la frontière pour respecter, voire protéger l'identité ? Le problème se pose moins entre le Manitoba et l'Alberta. Mais il se pose entre le Québec et le reste du Canada. Il se pose entre l'Allemagne et la France, entre le Luxembourg et la France, entre le Danemark et l'Allemagne, etc. Les Européens ont intérêt à observer l'impasse canadienne pour mieux comprendre leur propre dilemme.

Table des matières

AGMV Marquis

MEMBRE DE SCABRINI MEDIA

Québec, Canada
2001